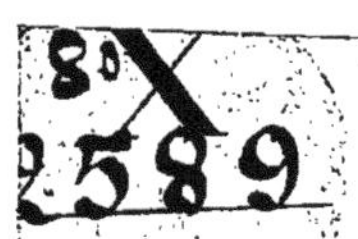

ÉLÉMENTS

DE LA

GRAMMAIRE GÉNÉRALE

HINDOUSTANIE

PAR

JULIEN VINSON

Chargé du Cours d'Hindoustani et de langue tamoule
à l'École nationale et spéciale des Langues orientales vivantes.

PARIS

MAISONNEUVE ET Cie, LIBRAIRES-ÉDITEURS

25, QUAI VOLTAIRE, 25

—

1883

ÉLÉMENTS

DE LA

GRAMMAIRE GÉNÉRALE

HINDOUSTANIE

ÉLÉMENTS

DE LA

GRAMMAIRE GÉNÉRALE

HINDOUSTANIE

PAR

JULIEN VINSON

Chargé du Cours d'Hindoustani et de langue tamoule
à l'École nationale et spéciale des Langues orientales vivantes.

PARIS

MAISONNEUVE ET Cⁱᵉ, LIBRAIRES - ÉDITEURS

25, QUAI VOLTAIRE, 25

—

1883

ÉLÉMENTS

DE LA

GRAMMAIRE GÉNÉRALE HINDOUSTANIE

INTRODUCTION

Il n'existe en français, pour l'étude élémentaire de l'hindoustani, que les *Rudiments* de M. Garcin de Tassy; mais cet ouvrage, publié en 1829 et réimprimé en 1863 presque sans changements, ne répond plus tout à fait aux exigences de la science linguistique moderne. Il paraissait utile, non de le remanier, mais de le compléter pour ainsi dire, en expliquant l'origine de certaines formes et la raison de certaines règles, ce qu'on ne pouvait faire sans jeter un coup d'œil rapide sur les variations locales de la langue vulgaire parlée.

L'illustre professeur dont je viens de citer le nom respecté, avait d'ailleurs le défaut ou le tort tout relatif d'être un sémitiste, un arabisant distingué. Élève brillant de Silvestre de Sacy, il était arrivé à l'hindoustani par le persan, d'une façon pour ainsi dire analogue à celle dont les Musulmans ont envahi l'Inde. Mais, quelque imbus et pénétrés d'arabe ou de persan que soient l'*urdu* et l'*hindi*, ils sont exclusivement indo-européens, fils naturels et légitimes du vieux parler fixé par les hymnes du *Véda*, des vieux dialectes uniformisés par le sanskrit classique.

Ces vieux dialectes sont représentés par les *prâkrits* qui jouent dans l'histoire des idiomes aryens modernes de l'Inde le rôle du Gothique dans le Germanisme; on sait que les grammairiens indigènes ont distingué quatre prâkrits principaux, le *Mahârâṣṭrî* (dans

le pays actuel des Mahrattes), le *Çâurasênî* (dans le pays de Braj),
le *Mâgadhî* (dans le pays de Bihâr) et le *Pâiçâcî* (Népâl, Décan,
Pâṇḍya, etc.). Le *Pâiçâcî* était proprement « le langage impur des
indigènes », descendants des habitants primitifs qui occupaient le
pays avant l'arrivée des Aryas. Il y avait aussi les patois ou dialectes
Apabhramças, dont on énumère dix variétés et qui étaient proprement des idiomes aryens populaires. N'oublions pas le *Pâli*, langue
sacrée de Ceylan, qui paraît être un *Apabhramça* littéraire et qu'on
rattache généralement au *Mâgadhî*.

Quelle est aujourd'hui la statistique linguistique de l'Inde ?

Si nous laissons de côté le *Brahuî* parlé par des tribus assez peu
nombreuses sur la frontière de l'Afghanistan (1) et d'autres langues
parlées dans les vallées limitrophes du Tibet, de l'Indo-Chine, etc.,
nous trouvons dans l'Inde trois groupes de langues tout à fait différentes et parfaitement indépendantes.

Le premier groupe comprend les langues *Dravidiennes* parlées,
dans la moitié septentrionale de Ceylan et dans toute la région qui
s'étend du cap Comorin à Goa d'une part, à la Gôdâvêrî de l'autre,

---

(1) On a rapproché le brahui des langues dravidiennes. Il présente
en effet avec elles une remarquable analogie de vocabulaire; ainsi les
adjectifs numéraux de 1 à 3, y sont dravidiens (au-dessus de 4 ils sont
persans). Les textes originaux que l'on a jusqu'ici publiés sont peu nombreux; l'*Indian Antiquary* a donné récemment deux chansons : voici le
commencement de l'une, que je traduis littéralement :

khank-nâ	*larzîrah*	—	*lakas*	*qarzîrah*
Les yeux de toi	sont éclatants;	—	des lakhs	ils donnent.
Dandânk	*sadaf-nâ*	—	*burzî*	*lawangnâ*
Les dents	perle de toi	—	longue	cannelle.

Le brahui a été étudié par Leech en 1838 (*Journal de la Soc. as. du
Bengale*, réimprimé à part en 1849), Lassen (t. V de la *Zeitschrift für
Kunde der Morg.*), F. Fini (*Bolletino*, 1870), et surtout par Bellew (*From
the Indus to the Tigris*, Londres, 1874, app.). Une grammaire en caractères arabes, dont je dois un exemplaire à la libéralité du Secrétaire
d'État de l'Inde, que je remercie de cette faveur toute spontanée, a été
publiée en 1877, à Karratchî, par M. Allax Bux. Le travail le plus complet
et le plus scientifique est celui de M. Trumpp, dans les *Mémoires de
l'Académie des Sciences de Munich* (4 décembre 1880).

par environ cinquante millions d'hommes. Il se subdivise en Tamoul au sud-est (15,500,000), Télinga au nord-est (16,000,000), Canara au nord-ouest (9,000,000), Malayâla au sud-ouest (3,500,000), et comprend encore huit à dix langues plus ou moins incultes.

Le second groupe comprend les langues auxquelles M. G. Campbell a proposé en 1869 de donner le nom de *Kolariennes* ; elles sont parlées sporadiquement dans la région centrale, entre l'*Oriya*, le *Bangâli*, l'*Hindi* et le *Mârathi*, par environ deux millions et demi d'hommes. On y reconnait deux principaux dialectes, le *Santâlî* et le *Mundârî*.

Au point de vue du vocabulaire, ces deux groupes diffèrent radicalement ; au point de vue phonétique et morphologique, ils offrent aussi de grandes différences, quoique incontestablement *agglutinants* tous les deux. Mais les Kolariens aiment les hiatus de voyelles qu'évitent les Dravidiens ; les Kolariens ont un duel que n'ont pas les Dravidiens ; ils ont une conjugaison incorporante très développée, tandis que le verbe dravidien est non incorporant et très simple ; ils ont enfin la numération vigésimale (signe général d'infériorité sociale), tandis que les Dravidiens comptent par dix (1).

Toutes les autres langues de l'Inde, y compris le *Cinghalais* ou *Elou* parlé à Ceylan, sont indo-européennes et flexionnelles. Elles se répartissent de la façon suivante :

1° Au Nord, vers Simla, le *Nâipalî* ou *Népalî* (langue du Népâl), auquel on rattache le *Garhwâlî* et le *Kumaônî;* on en fait aussi des dialectes hindis ;

2° Au nord-ouest, le *Panjabi*, divisé en *Panjabi septentrional* (Lahore) et en *Multânî* (Multan) (12,000,000 h.) ;

(1) Il a été publié sur les idiomes kolariens, outre d'assez nombreux articles de journaux, plusieurs bonnes grammaires, celles de Phillipps (1852), Skrefsrud (1875), Whitley (1873), Nottrott (1882). On a écrit ces langues en caractères devanagari ou bangali. Voici, comme spécimens, un passage du Nouveau Testament Santali (Calcutta, 1877) offrant un exemple du duel (Marc, X, 35, 36) :

35. *Khangi Zabadi ren hopon Yakub ar Yuhanna Yesu then he : katekin menkeda, E guru, alinkin menek kana, okakolin koimea, onakom emalin.*

36. *Oni onkine kuliketkina : cetben namkana aben lagit cet in cikaia ?*

3º A l'ouest, le *Sindhî* (cours inférieur de l'Indus), divisé en *Sirâiki, Tharêli, Lâri* (2,000,000 h.) ;

4º A l'ouest encore (golfes de Kacch et de Cambaye), le *Gujarati* (6,000,000 h.) ;

5º Au sud-ouest, le *Marâṭhî*, subdivisé en *Konkani* (Bombay, Goa), en *Marâṭhî méridional* et en *Marâṭhî du Décan* (13,000,000 h.) ;

6º Au sud-est, l'*Oṛiya* (Ganjam, Balassore) (5,000,000 h.);

7º Au nord-est le *Bangâli* (Bengale) partagé en *Bangâli du Nord*, *du Centre* (Dacca), *du Sud* (Calcutta, Chandernagor) et *de l'Est* (36,000,000 h.) ;

8º Enfin l'*Hindî*, dont nous allons examiner de plus près les subdivisions dialectales et qui est parlé par au moins 60,000,000 h., près du quart de la population de l'Inde entière.

L'*hindi* est donc la principale langue de l'Inde. Il est parlé sur une étendue d'environ 400,000 kilomètres carrés, limitée au nord par la chaîne de l'Himalaya ; à l'ouest par une ligne allant de Simla au golfe de Kacch ; au sud par la Narmadâ ou les monts Vindhya, et à l'est par une ligne courant vers le nord-est jusqu'au confluent du Gange et de la Sankhasî qui sert elle-même de limite.

Sur une étendue de terrain aussi vaste, le langage ne saurait être uniforme. Pas plus que dans nos langues d'Europe, le vulgaire n'a partout la même prononciation, le même vocabulaire, les mêmes formes. On peut classer ces variétés locales en grands dialectes régionaux dont les principaux seraient, en allant de l'Ouest à l'Est, — les dialectes de la Râjpûtânâ et principalement le *Mârwârî*, parlé par la tribu des *Mârs* à l'Ouest des monts Aravalli vers Jodhpur et Jaynagar ; ceux de la Râjputânâ orientale, entre les monts Aravalli et la Bêṭwâ vers Jaypûr et Kôtah, y compris le *Mêwârî* ou *Mâirwârî* parlé par les Mâirs et dans le Mêwâr ; le *Braj bhâkhâ* (bhâṣâ), au Nord, dans le haut Doâb, dans les plaines de la Jamnâ et du Gange, vers Agrâ, Mathurâ, Delhî ; le *Kanâujî* à Kanâuj, dans le bas Doâb, et le Rôhilkhaṇḍ ; le *Bâiswârî* ou *Awadhî*, chez les Râjpoutes Bâis, au Nord d'Allahâbad, d'Audh (Oude) et de Lakhnâu (Lucknow) ; le *Baghelkhaṇḍî*, chez les Râjpoutes Baghels au sud d'Allahâbâd ; le *Bhûndelkhaṇḍî*, au sud-ouest d'Allahâbad, au sud-est de Goualior, et le *Riwâi*, entre Bénarès et Japalpoure ; le *Bhôjpûrî*, sur les bords du

Gange, vers Bénarès et Tchaprâ ; le *Maîthili* à Tirhut, Murzaffarpur et Darbhanga, qui tire son nom de l'ancienne Mithilâ, où est né Râma; enfin le *Mâgadhî* ou *Bihârî*, vers Gayâ, Patnâ et Bhâgalpûr.

Ces dialectes se rapprochent naturellement en deux grandes divisions séparées par le 78e degré de longitude, l'*hindi occidental* et l'*hindi oriental*. Ce dernier, qui devrait recevoir le nom de *Bihari*, se subdiviserait, suivant M. Georges A. Grierson, en *Bhôjpûrî*, *Mâithili* et *Mâgadhî*. M. Hoernle rapproche l'*hindi oriental* du Bangali et de l'Oriya qui se rattacheraient ainsi que le Marâthî au vieux Mâgadhî, tandis que l'hindi occidental, apparenté au Panjabî, au Sindhî, au Gujaratî, descendrait avec le Nâipalî d'un ancien Çâuraçênî populaire.

L'ancien hindi occidental a donné naissance à l'*hindi* classique moderne et à l'*urdu*, qui ne diffèrent guère l'un de l'autre que par l'écriture. L'hindi a gardé la vieille écriture indienne, le dêvanâgarî, tandis que l'*urdu*, par un préjugé religieux, a adopté l'incommode écriture arabe sous la forme que lui avaient donnée les Persans. L'urdu et l'hindi moderne ont emprunté un grand nombre de mots persans, arabes et même turcs ; ceux qui veulent écrire en hindi affectent d'employer le moins grand nombre de mots étrangers possible ; ceux qui se servent de l'urdu font plutôt le contraire. L'urdu, qui sert de *lingua franca* dans une grande partie de l'Inde, prend dans le Décan le nom de *dakhnî ;* il y présente certaines particularités phonétiques et morphologiques assez peu importantes. L'urdu a pris naissance autour de Delhi, dans les camps militaires (*urdu*) des conquérants persans, au XIIe siècle de notre ère, après la bataille de Pânîpat, gagnée en 1192 par les Musulmans. Le fond original en est le parler de Braj, influencé par le Mârwârî et le Panjabî.

J'emprunte la plupart des détails qui précèdent à l'excellente *Grammar of the Eastern Hindi* du docteur R. Hoernle (Londres, 1880, xv-416 p. in-8o), de même que pour la rédaction des pages qui vont suivre j'ai consulté la plupart des grammaires récemment publiées, et notamment la *Hindi Grammar* du Rév. Kellogg (Allahabad, 1876, xviij-380-26-9 p. in-8o). J'ai classé les éléments grammaticaux de l'*hindûstânî* (et sous ce nom je comprends l'ensemble des dialectes, vulgaires et écrits, naturels et artificiels ou littéraires, de l'hindi, langue principale de l'Hindoustan) de la manière qui m'a paru la plus naturelle et la plus scientifique. Ce n'est là, dans ma pensée, qu'un résumé, qu'un programme à l'usage des élèves de l'École des langues orientales et que je me réserve de développer dans mes leçons orales, comme je l'ai fait pendant le second semestre de l'année 1881-1882, et pendant l'année 1882-1883.

J'ai toujours pris pour prototype, pour point de départ, l'hindi-urdu. Mais il m'a paru excellent d'indiquer les variations régionales et de donner un aperçu rapide de l'histoire de la langue. Depuis que dans l'Inde anglaise le persan n'est plus la langue officielle, c'est-à-dire depuis 1837, depuis qu'un mouvement très sensible s'opère parmi les pandits, tendant pour ainsi dire à la purification de l'urdu, la connaissance de l'urdu seul n'est évidemment plus suffisante.

Je termine en donnant un spécimen de l'*urdu* (un passage du *Bagh ô Bâhar*), un spécimen de l'*hindi littéraire* (un extrait de l'*hitopadeça*) et un spécimen de l'*hindi oriental* (un conte recueilli par M. Hoernle). Je laisse en romain les mots étrangers.

I. — Urdu.

Isî ummed *mêm* Bâdşâh *kî* 'umr *câlîs baras hô-gayî*.
Telle espérance dans Roi, Pacha de âge quarante années être alla devint.

Ek din sîs mahall *mêm* namâz adâ *karkê*
Un jour miroir endroit dans prière accomplissement ayant fait,
wazifa *parh rahê thê;* êk bangî, âîné *kî* taraf khiyal
leçon (1) lire demeuré était; une fois, miroir de côté idée
jô karte hâim (2), *tô êk* sufed *bâl mûchôm mêm* nazar
quand faisant il est alors un blanc poil moustache dans vue
âyâ, kî manind *târ-i* muqqais *kê camak rahâ hâi.*
alla, que pareil fil de broderie de éclat demeuré était.

Dans cette espérance (d'avoir un fils), le roi atteignit l'âge de

(1) Leçon journalière du Qoran.
(2) *Thê, hâim,* etc., pluriels honorifiques.

quarante ans. Un jour, comme il faisait sa prière dans une salle tapissée de miroirs, il se mit à lire sa leçon journalière ; tout à coup, un hasard ayant attiré ses regards sur un miroir, il vit dans ses moustaches un poil blanc qui brillait comme le fil d'une broderie.

II. — Hindi littéraire.

Ek bâr mâim nê Dakṣiṇâranya mêm phirtê dêkhâ ki êk
Un jour moi par Dakchimâranya dans promenant vu que un
bûṛhâ byâghar nahâ-kar kuç hâth mêm sarôvar tir par
vieux tigre, s'étant baigné, du kuça main dans, étang bord sur
kahtâ hâi : hê pathik! is suvaraṇ kê kankaṇ kô lê! Us kî
disant est : ô voyageur ! ce or de bracelet à prends ! Lui de
bât sun-kar ḍar sê us kê pâs kôî na jâtâ.
parole ayant entendu peur par lui de auprès quelqu'un non allait.

Voici le texte sanskrit :

Aham êkadâ Dakṣiṇâranyê carannapaçyam êkô vṛddhavyâghraḥ snâtaḥ kuçahastaḥ sarastîrê 'brûtê : bhô! bhôh! pântha, idam savarṇakankaṇam gṛhyatâm! Tud vacanam âkarṇya, bhayât, kôpi tat pârçvam na bhajatê.

III. — Hindi oriental.

Ek baṛâ âdimi angûr *kâi bârî ô khêt bôvales ;*
Un grand, riche homme vigne de plantation et champ possédait ;
ôkê câr bêṭavâ rahalâim; jab û marâi lagal, tab
lui à quatre fils demeuraient ; quand il mourir commencé, alors
bêṭavan sê kahales : ê bêṭâ môrê pâs javan dhan rahal,
fils à il dit : ô fils de moi auprès quel trésor demeuré,
tâunê kê mâim angûr *kê khêtavâ mê gâṛ dihalê bâtôm;*
ceci à moi vigne de champ dans trou ayant fait je suis ;
sê tûmlôg khanaba, tô païbah ; jab û âdimi *mari gayal,*
cela vous fouillant, alors avoir quand cet homme mort allé,
tab ôkar sab bêtâuvâ mil kê khêt kê cârô ôr sê khanâi
alors de lui tous fils trouver à champs à quatre côté par creuser

lagalañ;   lêkin *dhan kâi khôj na milal;*   bâkî   *khêt*
commencèrent; mais trésor de trace non trouvé ; fumier champ

acchî tarah *sê khôdal gayal; ô sê* angûr *kâi pér*
bonne manière par ayant creusé allé ; cela par vigne de tige

khûb panaphalâiñ.....
excellent produisirent.....

Un homme riche possédait un terrain planté en vigne. Il avait
quatre fils. Sur le point de mourir, il dit à ses fils : « Mes enfants,
j'ai amassé un trésor et l'ai caché dans un trou de ma vigne; en y
fouillant vous le trouverez ». Quand cet homme fut mort, ses fils
se mirent à fouiller le terrain dans tous les sens. Ils ne trouvèrent
aucune trace de trésor; mais, le fumier se répandant ainsi de la
bonne façon dans le champ, les pieds de vigne donnèrent d'abon-
dantes pousses.

CHAPITRE PREMIER.

PRÉLIMINAIRES.

§ *A*. — LA GRAMMAIRE. — LE LANGAGE. — LES ÉLÉMENTS DU LANGAGE. — L'ÉTUDE DES LANGUES.

La grammaire d'une langue quelconque n'est pas seulement l'art d'écrire et de parler correctement cette langue. Une pareille définition est, on le sait, inexacte ou tout au moins incomplète. La grammaire, dans le sens précis de ce mot, est, pour tous ceux qui ne réduisent pas la science à un empirisme grossier, à des formules banales et irraisonnées, l'étude de tous les éléments du langage.

Mais qu'est-ce que le *langage* ? Proprement l'expression de la pensée. Par conséquent, tout ce qui tend à la manifestation extérieure de la pensée est un langage ; la musique, le dessin, le geste, la parole, l'écriture, sont autant de langages différents, les uns *simples* comme la parole ou le geste, les autres *complexes* comme l'écriture qui tient à la fois du geste par son origine (représentation figurée, parlant aux yeux) et de la parole par son but (lecture orale, prononciation sonore des mots). En général cependant, on restreint le sens de *langage* à la parole, au langage sonore.

Or, quels sont les éléments de ce langage proprement dit, de ce langage parlé, de la pensée sonore ?

La pensée parlée se présente sous la forme d'une *pro-position*, d'une sentence, d'une phrase composée de trois éléments fondamentaux : action, être ou objet intéressé dans cette action, direction ou but de cette action; ce qu'on résume par trois mots *sujet*, *verbe* et *attribut*. La disposition, l'arrangement, la complexité ou la simplicité du sujet, du verbe ou de l'attribut, c'est-à-dire *l'étude des mots dans la proposition*, constituera donc un sujet d'étude nécessaire et primordial dans la grammaire. La partie de la grammaire qui traite spécialement de ce sujet a reçu le nom de SYNTAXE.

Mais, avant de considérer les mots dans la phrase, ou plus exactement dans leur rôle extérieur, dans leur côté objectif, ne convient-il pas de les envisager dans leur côté subjectif, dans leur rôle intérieur, dans leur nature intime ? Evidemment oui. Or, à ce point de vue, deux études différentes s'imposent.

L'une prend le mot tout formé, tout complet, le mot *formel* comme disent les linguistes, par exemple « femme, *mulier*, *wise*, *lieben*, etc. », et en étudie l'histoire. Elle dissèque les écrivains, elle analyse les vieux monuments et découvre par quelles nuances de sens a passé ce mot suivant le temps et les lieux, par quelle succession d'em-plois il est devenu adjectif ou verbe, à quel mot ancien il a été substitué, en résumé quelle est et quelle a été sa FONCTION individuelle dans la langue étudiée.

L'autre étude du mot a pour but de le décomposer en ses éléments différents. L'existence de ces éléments saute aux yeux. En comparant par exemple, d'une part des mots tels que *aimerons, aimât, aimasse, aimé*, et d'autre part des mots tels que *aimerons, pleurerons, finirons, rendrons*, la complexité de tous ces mots est manifeste. Il est donc éminemment commode, utile, nécessaire, de rechercher quels sont ces divers éléments, pourquoi ils se juxtaposent ou se combinent et dans quelles conditions. Cette partie de la grammaire, qui a pour objet l'étude des *formes*, a été désignée sous le nom de MORPHOLOGIE ; on l'appelle aussi DÉRIVATION, surtout lorsqu'on se place au point de vue des éléments significatifs primordiaux, car tout mot formel répond à un double but, à ce qui constitue la pensée entière, le sens et la forme, la *signification* et la *relation* (c'est-à-dire le rapport extérieur possible suivant le temps et l'espace).

Ces éléments de dérivation, ces éléments *formels*, doivent être étudiés à leur tour en eux-mêmes. Nous en arrivons donc à rechercher ainsi quelle est la substance même du langage. Si la *syntaxe* s'occupe du corps et de ses allures, si l'étude de la *fonction* enseigne la loi de développement et les usages divers dont les membres sont susceptibles, si la *dérivation* montre dans ces membres la chair, les os et le sang, une autre étude devra dire de quoi se composent ces os et cette chair ; elle devra rechercher les éléments simples dont l'alliance les produit : elle découvrira ici du carbone et de l'azote, là du fer, là de l'hydrogène, et dira par quelles lois physiques et chimiques ces éléments se sont alliés. Qu'y a-t-il à la base du langage ? Quels matériaux primordiaux emploie la parole pour exprimer la pensée ? C'est ce qu'étudie la PHONOLOGIE OU PHONÉTIQUE.

§ *B.* — NOTIONS PHONÉTIQUES.

La *phonétique* est à proprement parler l'étude des sons et des bruits exclusivement employés par tel ou tel idiome. On s'en rend compte en analysant d'abord les mots de la langue même, puis en voyant quelles modifications ont subies les mots que les gens du pays ont empruntés à d'autres peuples dont ils ont adapté les sons et les bruits à leurs propres habitudes. On recherche aussi si les mots originaux ne varient pas ou n'ont pas varié soit d'un siècle à un autre, soit d'une région géographique à une autre ; et l'on découvre par là les lois naturelles de formation du langage ; ce qui permet d'en reconstituer plus ou moins exactement la forme primitive, d'en faire l'histoire, d'en établir les étymologies, et par là d'en faciliter, pour ainsi dire indirectement, la connaissance précise et complète au point de vue purement pratique.

L'*hindoustani* s'écrit principalement à l'aide de deux alphabets entièrement différents, l'alphabet *persan* et l'alphabet *hindou* proprement dit.

1. L'alphabet *persan* dérive de l'alphabet *arabe*. On y a seulement ajouté quatre caractères pour représenter des articulations inconnues aux Arabes, le *p*, le *tch*, le *j* français, et le *g* dur. Les nouveaux caractères ont été fort logiquement déduits des anciens : pour le *p*, on a pris le *b* arabe, auquel on a souscrit trois points au lieu d'un seul ; pour le *tch* on a pris le *dj* qu'on a pareillement triponctué ; pour le *j*, on a mis de même trois points au lieu d'un sur le *z* ; et, quant au *g*, on l'a différencié du *k* par un simple trait au-dessus.

Les Indiens, en adoptant l'alphabet persan, ont procédé de même. Ils y ont ajouté trois signes pour représenter leurs cérébrales *ṭ*, *ḍ*, *ṛ* qu'ils ont formées avec les *t*, *d*, *r* arabes surmontés de quatre points (1) ; ils n'ont pas cru devoir transcrire exactement le *ṇ* lingual qu'ils ont confondu, ainsi que leurs nasales gutturale et palatale, avec le *n* dental.

L'écriture persane, admise dans l'Inde, comporte plusieurs sortes d'écritures ; les principales sont la *naskhî* ou écriture droite, la *tâlik* ou écriture suspendue, oblique, la *nastâlik* ou mixte, qui est très employée dans l'Inde, et la *chikasta* « rompue », c'est-à-dire « courante, expédiée », beaucoup plus pénible à déchiffrer.

Cette écriture, adoptée et propagée à la fois dans un but politique et religieux, a perdu de son importance depuis 1837, depuis que la Compagnie anglaise a abandonné l'usage du persan comme langue officielle pour y substituer soit l'anglais soit les principaux idiomes locaux. Elle est fort mal commode : la ressemblance de beaucoup de caractères que des points faciles à omettre différencient seuls, l'omission générale des voyelles, enfin sa non convenance à la représentation exacte des voyelles et des consonnes hindoues suffisent pour en condamner l'emploi. On objecte en vain l'égale inaptitude de l'écriture originale indienne à la figuration des mots arabes ; quel que soit le nombre des mots arabes ou plutôt persans usités en hindoustani, ce ne sont jamais que des mots d'emprunt,

(1) Certains écrivains usent d'une autre combinaison : ils superposent le *toé* aux signes non ponctués du *t*, du *d*, du *z* arabes. D'autres encore indiquent les cérébrales en tirant un trait sur les *t*, *d*, *z* arabes (le *t* garde naturellement ses deux points).

2

et le fond de la langue — grammaire et vocabulaire — n'en est pas moins essentiellement et originairement indien.

2. L'alphabet hindou, naturellement désigné pour écrire l'hindoustani, a plusieurs formes dont la plus ordinaire et la plus connue est la *nâgarî* classique. On sait l'histoire de cette écriture, empruntée vraisemblablement à des Sémites deux ou trois siècles avant notre ère.

Elle a plusieurs formes ou variétés bien connues, le *dévanâgarî*, le *nandinâgarî*, etc., et dans chacune, certains caractères présentent d'assez nombreuses variétés. Ces formes sont pour ainsi dire classiques ; mais, dans l'usage courant, on emploie d'autres formes, dérivées de celles-là, mais fort altérées.

La plus communément répandue est la *kâyathî* où *kâithî* (de *kâyath*, skr. *kâyastha* « écrivain ») qui n'a que vingt-neuf lettres différentes. Elle emploie en effet un seul signe pour les quatre nasales, gutturale, palatale, linguale et dentale ; un seul pour les trois sifflantes *ç*, *ch*, *s* ; un seul pour *b* et *v* ; un seul pour *j* et *y*. Pour écrire, on trace sur le papier une ligne horizontale après laquelle viennent se suspendre les traits qui complètent le caractère ; mais cette ligne horizontale est souvent omise. On omet également souvent les signes diacritiques qui distinguent *i* et *u* longs de *i* et *u* brefs, *k* de *ph*, *p* de *dh*, *r* de *l* et *tch* de *dh* ou *y*.

Une variété du *kaithî*, la *mahâjanî* « écriture marchande » (de *mahâjan* « banquier »), *kothîvâl* « écriture de bureau » ou *sarrâfî* (de l'arabe *sarrâf* « changeur »). est ordinairement employée par les négociants et les banquiers. Elle est encore plus difficile à lire.

3. Quelle que soit la forme de l'écriture adoptée, nous

devons partir des alphabets types (persan et dêvanâgarî)
pour reconnaître de quelles voyelles et de quelles consonnes
fondamentales se compose la langue générale de l'Hindoustan.

L'alphabet dêvanâgarî compte quarante-huit lettres dont
voici en même temps le classement et les signes transcriptifs :

> Voyelles : a, â, i, î, u, û, r, r, l, l, ê, âi, ô, âu.
>
> Consonnes : *gutturales* ou
> plutôt *palatales.* } k, kh, g, gh, n.
>
> *palatales* ou
> plutôt *palatales mouillées.* } c, ch, j, jh, ñ.
>
> *linguales :* t, th, d, dh, n.
> *dentales :* t, th, d, dh, n.
> *labiales :* p, ph, b, bh, m.
> *semi-voyelles :* y, r, l, l, v *ou* w.
> *sifflantes :* ç, s, s.
> *aspirées :* h.
>
> Signes divers : aspiration : ḥ.
> nasalisation : m, m̃, m.

Il faut, pour l'hindoustani moderne, ajouter le *ṛ* lingual, mais les voyelles *r* et *l* ont disparu.

L'alphabet arabe a prêté à l'hindoustani (1) les signes
suivants : lettres solaires *tsa, zal, za, sâd, zâd, toé, zoé;*
lettres lunaires *ha, kha, âin, gâin, fé, qâf,* qu'on a essayé
de transcrire en dêvanâgarî par des lettres ponctuées, le
z par exemple par un *j* sous-ponctué, le *kha* par *kh,* le *f*
par *ph.*

Nous avons vu comment on a fait pour introduire les
cérébrales ou linguales dans l'écriture arabe.

---

(1) C'est-à-dire que l'hindoustani a pris à l'arabe des mots qui
contiennent ces lettres.

4. Les lettres européennes que nous avons employées ci-dessus serviront comme signes transcriptifs dans tout le cours de cette étude. On a d'ailleurs essayé de généraliser dans l'Inde l'usage de l'écriture romane ; on a même imprimé des livres dans ce système qui néanmoins ne saurait évidemment avoir que peu d'avenir. Celui qui veut apprendre une langue à fond ne peut être sérieusement rebuté par la difficulté apparente ou réelle de l'alphabet original.

5. La prononciation des sons et des articulations indiennes n'est pas non plus d'une difficulté insurmontable. Les voyelles correspondent aux voyelles européennes dont les caractères les représentent (*u* par exemple vaut *u* général européen, *ou* français) ; les aspirées ne diffèrent des simples que par l'addition d'un soufflement assez fort ; les *dj*, *tch*, *gn* (j, c, ñ) ne sont point étrangers à la langue francaise ; la première sifflante sanskrite est un *s* mouillé, quelque chose comme le *ch* allemand de *mich* ; la seconde vaut le *ch* français ; les cérébrales se retrouvent en anglais (1) : ce sont des *t, d, n, l, r,* articulés en reportant la pointe de la langue vers le fond du palais ; enfin les *tsa, zal, za, zad, zoé* arabes sont confondus dans l'Inde sous la même prononciation *z* ; *toé* y vaut *t* dental ordinaire ; *qaf* s'y transcrit et s'y prononce *k ; fé* est notre *f* soufflant ; *hâ, kha, âin, gâin* s'articulent comme *h* aspiré ou plus exactement comme le *ch* dur allemand de *hoch, nach* (c'est la *jota* espagnole, le *chi* grec moderne, le *c'h* breton, etc.).

(1) Les finales des adjectifs en *blé* ont incontestablement par exemple un *l* cérébral. Du reste les Anglais disent qu'il faut prononcer les *t, d* indiens comme leurs *t* et *d ;* et les Indiens transcrivent *lâḍ, méjistrèt, kalekḍar*, les mots *lord, magistrate, collector*.

6. Les altérations euphoniques dont les mots sont susceptibles dans toutes les langues par l'action simple du temps sont déterminées, entre autres causes générales, par *l'accent* et la *quantité* des syllabes qui les composent. Il faut n'avoir pas écouté des Anglais, des Allemands ou des Espagnols pour refuser de se rendre compte de la valeur de l'accent. Le français classique a régulièrement son accent sur la dernière voyelle (*e* muet final ne compte pas), aussi le phénomène échappe-t-il à l'observation ; mais dans les patois populaires, surtout dans ceux de la langue d'oc, l'accent est parfaitement sensible. Quand, par exemple, un Béarnais prononce les noms basques *Echeberry*, *Biarritz*, la voix s'enfle fortement sur les syllabes *ber, bia*, qui attirent seules l'attention de l'auditeur, tandis que les finales sont à peine perceptibles. On comprend par là comment le latin *sánguinem* a pu se réduire à *sang*, *scándalum* à *esclandre*, *sorórem* à *sœur*, et ainsi de suite. Pour les langues néo-hindoues, de pareils exemples abondent.

La quantité des voyelles, c'est-à-dire leur nature longue, grave, sonore ou brève, légère, sourde, est de même, on le conçoit aisément, un élément d'altération ou de conservation fort important.

7. Un autre point à considérer aussi, c'est l'âge des mots. Il est certain par exemple, que les mots les plus anciens sont les plus altérés et que ceux d'usage récent, d'importation moderne, présentent une forme sonore plus intacte. Il faudra tenir compte encore du point particulier, de la région spéciale du pays, où le mot considéré aura été entendu pour la première fois. Enfin, il faudra voir si le mot ne constitue pas un *doublet*.

Un *doublet* c'est, on le sait, quelque chose comme la seconde édition d'un mot. Les savants, les gens de lettres, les orateurs, qui ne prononcent pas les langues anciennes ou étrangères comme elles devraient être prononcées, ne reconnaissent pas parfois certains mots anciens ou étrangers sous leur forme moderne, et refont ces mots de toutes pièces, soit avec le même sens, soit avec un sens analogue, soit avec une signification absolument différente, d'après les besoins du langage et d'après certaines considérations dont l'examen rentre dans l'étude de la fonction. Ainsi, on a fait *scandale* à côté d'*esclandre* en avançant l'accent naturel d'une syllabe, *tunnel* à côté de *tonneau*, etc., etc.

8. A ce propos, il est utile de faire remarquer que les grammairiens hindous ont distingué, dans le vocabulaire de leur langue, trois catégories principales de mots, les *tatsama*, les *tadbhava*, les *dêçya*.

Les *tatsama*, « identiques à cela », sont les mots qui ont absolument la même forme qu'en sanskrit ; par exemple, *bhrâtâ* « frère » (Hindi or.), *râjâ* « roi ». On étend pourtant cette appellation aux mots plus ou moins récemment empruntés au sanskrit et ayant subi de légères altérations, insuffisantes pour en dénaturer l'origine : par exemple, Hindi or. *bisnu* pour *viṣṇu* ; H. or. *karam* (H. occ. *kâm*) « ouvrage, affaire » pour *karma* ; *chhamâ* « patience » pour *kṣamâ* ; *darṣan* « vue » pour *darçanam*, etc.

Les *tadbhava*, « de la même nature que cela », sont les mots sanskrits qui ont été très sensiblement altérés au point d'être souvent devenus méconnaissables. Ce sont les expressions qui se rattachent aux formes traditionnelles

des anciens prâkrits : Hindi or. *pût* « fils » de l'anc. mag.
putt, pâli *putta,* sk. *putra*; — H. or. *râti,* H. occ. *rât*
« nuit », Ap. *lattî,* A. Mg. *râî,* sk. *râtri*; — *âmkh*
« cil », sk. *akṣi*; — *garddhâ* « âne », sk. *gardabha*; —
kôil « cuculus », sk. *kôkila,* etc.

Les *dêçya,* « régional, provincial », devraient être des
mots d'une filiation difficile à établir, usités exclusivement
dans certaines parties du territoire où se parle la langue
étudiée. Beaucoup de ces mots seraient vraisemblablement
empruntés aux idiomes voisins, à des langues étrangères.
La détermination des mots *dêçya* laisse beaucoup à désirer.

9. Quoi qu'il en soit, les Hindous distinguent encore
dans leur langue, ainsi composée de mots *tatsama,*
tadbhava et *dêçya,* deux dialectes ou plutôt deux ma-
nières de parler différentes.

La première, appelée *ṭhêṭh bhâṣâ* « langue pure,
originale » ou *gâmvârî bhâṣâ* « langue vulgaire, rustique,
villageoise », désigne l'idiome véritablement populaire ;
la seconde, dite *kharî bôlî* « langue honnête » ou *nâgarî*
bhâkhâ « langage de ville » désigne l'idiome de la con-
versation courante parmi les lettrés ou les gens du
monde. De pareilles distinctions existent dans tous les
pays ; il y a, au point de vue surtout de la prononn-
ciation, de fort intéressantes observations à faire sur
les dialectes populaires.

10. L'hindi oriental par exemple possède un *e* et un *o*
brefs, un *ai* et un *au* diphthongues brèves ; ce sont à
proprement parler des abréviations des *ê, ô, âi, âu* classiques qui correspondent à des mutations en *i* et *u* brefs
dans d'autres dialectes.

Il a de plus une sorte de voyelle atone : M. Hoernle

l'appelle neutre, la transcrit par une apostrophe et la compare à un *chewa* hébreu mobile ; c'est presque un *e* français ; on peut la transcrire *e* surmonté du signe de la brève ; elle sert de voyelle d'appui à la fin des mots ou entre deux consonnes.

L'hindi oriental préfère *â, i, ê,* tandis que les dialectes occidentaux ont plutôt *u, ô, âu* ; il préfère *r, rh* à *ṛ, ṛh* ; il substitue *r* à *l* ou *n* occidental, etc.

Le mâithilî qui, suivant M. G.-A. Grierson, est parlé par plus de sept millions d'individus, dont cinq millions n'entendent ni l'hindi vulgaire ni l'urdu, présente de curieuses particularités phonétiques. La voyelle « neutre » y remplace dans la prononciation des *a, i, u* écrits ; le *ṇ* cérébral y est très nettement articulé ; si, comme dans toute l'Inde aryenne, on y confond *y* et *j, ṣ* et *kh, jñ* et *gy, b* et *v,* les groupes *ṣp* et *hy* (dans *puṣp* « fleur » et *grâhya* « acceptable ») s'y prononcent d'une manière spéciale, *hfp* et *jfr.jy* (Grierson : *puhfp, grâjdjya*).

Les dialectes du Nord et de l'Ouest ne sont pas moins intéressants. Dans la Râjputânâ, dans les vallées de l'Himalaya, dans le *Mârwârî* par exemple, *c* et *ch* se sifflent en *s*. Ces dialectes aiment aussi beaucoup les cérébrales et disent par exemple *apṇâ* pour *apnâ* « son propre (adjectif possessif) », *rôṇô* « l'action de pleurer » pour *rônâ, kâuṇô* « l'action de dire » pour *kahanâ ;* ce dernier exemple montre aussi leur aversion pour les aspirées. Le *ḷ* cérébral, dravidien, védique, y est d'usage courant.

Cet emploi régional des linguales est un argument sérieux contre la théorie des emprunts de sons. En général, une langue n'emprunte pas de sons, mais elle en développe de particuliers dans certaines circonstances topographiques. C'est le cas de la *jota* espagnole qui ne vient point de l'arabe.

Pour terminer, je rappelle qu'il est utile de toujours se défier des transcriptions anglaises. *Jungle, Thug, Begum* par exemple sont proprement *Jângal* « forêt », *Ṭhag* « voleur » et *Bêgam* « femme du Beg ».

§ *C.* — MORPHOLOGIE.

11. Les formes que sont susceptibles de recevoir les racines sont de différentes espèces ; la dérivation, envisagée dans son ensemble, peut être considérée, pour employer un langage mathématique, comme l'étude de l'ensemble des fonctions d'une variable.

Cette variable, c'est la *racine*. Quelles sont les variations internes ou externes dont est susceptible une racine quelconque ?

Mais d'abord qu'entendons-nous par ce mot *racine* ?

Lorsqu'on prend, dans une langue quelconque, un certain nombre de mots et qu'on en retranche tout ce qui, au premier coup d'œil, indique une relation objective, — *s* dans *hommes, ons* dans *marchons, té* dans *bonté,* et ainsi de suite, — nous nous trouvons en présence de formules assez courtes, de deux ou trois syllabes tout au plus et d'une signification assez générale, *sol, lune, marche, faire,* etc. Lorsque nous prenons ces formules, ces expressions, non plus dans une langue moderne, comme le français, l'anglais ou l'hindoustani, mais dans une langue ancienne, comme le sanskrit, le gothique ou le latin ; mieux encore, quand nous nous adressons à

une langue primitive, mère comme on dit vulgairement,
c'est-à-dire à une langue pour ainsi dire théorique,
reconstituée par la comparaison d'un certain nombre
d'idiomes dont l'origine commune est évidente ; nous
remarquons, en comparant ces expressions les unes avec
les autres, tant au point de vue de leurs formes sonores
qu'au point de vue de leurs significations, de leurs
états idéologiques, qu'elles peuvent se classer en groupes
distincts et parallèles et que chaque expression peut
prendre place dans plusieurs groupes. Dans la plupart
des cas, on peut caractériser chacun de ces groupes
par un élément sonore dont le sens original est ainsi
facile à dégager : il est d'ordinaire assez vague, assez
général, mais encore susceptible pourtant d'être affecté
de significations subjectives, *ouvrir* ou *éclairer* n'étant par
exemple qu'une variation de *fermer* ou d'*être obscur*. En
rapprochant à leur tour ces divers éléments primaires,
ces *radicaux,* on peut souvent encore en déduire d'autres
expressions sonores phonétiquement plus simples et dont
le sens, encore plus vague, exprimera par exemple le fait
brut du mouvement qui amène l'éclat ou la lumière, qui
produit l'ouverture ou la fermeture. Ce sont ces éléments
primordiaux qu'on a nommés les *racines*. Dans les langues
indo-européennes, et dans les langues dravidiennes à
mon avis, toutes ces racines fort peu nombreuses expriment
en général soit un mouvement simple : aller, passer,
souffler, etc., soit une station : demeurer, être raide, etc.,
soit une combinaison de ces deux faits : pousser, presser,
battre, etc.

Je sais bien que toute une école de linguistes, remarquable par la haute valeur de ses membres, repousse

cette théorie des racines sous le prétexte assez vraisemblable qu'elle n'a jamais pu réellement exister, attendu que l'homme ne pense pas par conceptions vagues « aller, bâiller, manger », mais par sentences, par propositions : « je vais à la forêt, tu bâilles, il mange du bœuf ». D'accord; mais l'existence des racines est un fait incontestable, c'est le résultat de l'analyse, de l'autopsie du langage. Il est possible, pourrait-on dire, pour tout concilier, que les racines ne soient que le résultat d'une contraction, qu'elles ne soient que la réduction d'expressions anciennes plus complexes; de même que l'écriture analytique a procédé de l'écriture syllabique et de l'écriture figurative ; de même que B, qui représente seulement la consonne labiale explosive douce ou sonore, était jadis en phénicien « la maison, la demeure ».

Mais est-il besoin de recourir à cette hypothèse ? Que savons-nous de l'origine de l'homme, du développement de son intelligence et de l'histoire du langage ? Quand a fini l'animal et quand a commencé l'homme ? Comment la sensation s'est-elle exprimée par le cri, par le son, par le geste oral ? Je n'ai pour ma part aucune répugnance à admettre une période primitive où la pensée était aussi vague et rudimentaire que la signification des racines qu'on retrouve au fond de toutes les langues.

Revenons donc aux racines qui sont des faits. Elles donnent naissance à des radicaux de divers ordres, dont la signification se spécialise de plus en plus jusqu'à ce qu'arrive le moment où doivent être rendues les relations objectives proprement dites, les rapports extérieurs suivant le temps et l'espace, jusqu'à ce qu'on ait à se servir de formes nominales ou verbales déclinées ou conjuguées.

Qu'est-ce que le verbe, ou, mieux, qu'est-ce que la conjugaison? Simplement l'expression simultanée de relations suivant le temps et l'espace ; de là deux éléments propres à toute dérivation verbale : l'élément temporel, le signe du temps, et l'élément d'espace, l'élément sur lequel porte la relation exprimée, l'élément personnel, le signe de la personne. *Temps* et *personne*, voilà en quoi la conjugaison diffère de la déclinaison ; car celle-ci ne s'occupe que du lieu, de la place du sujet. Mais cela n'est pas tout ; l'élément personnel peut être intéressé de deux façons différentes : il peut être agent ou patient, sujet ou régime ; d'autre part, le temps peut être également divers et offrir les alternatives de présent, de passé et de futur. Enfin, l'idée significative dont les relations sont à exprimer peut varier dans sa nature intime au point d'être positive, précise, concrète, ou abstraite, vague, contingente ; il y aura par suite de ce chef à rendre ce que j'appelle les relations d'état et ce qu'expriment les variations formelles connues sous le nom de *modes*. La conjugaison peut avoir à traduire encore d'autres idées pour ainsi dire subordonnées, accessoires, celles par exemple de causalité, de coercition, de répétition, de continuité, de commencement, d'affirmation, de négation, sans parler des deux grandes divisions connues, des deux principaux points de vue auxquels peut être envisagée l'idée significative, selon qu'elle est considérée comme agissant en dehors d'elle-même ou comme ayant son objet en elle-même ; c'est ce qu'ont pour but de mettre en relief les *voix* dérivées. De plus, il est parfois nécessaire de tenir compte des nuances de chacun de ces éléments (temps, modes, personnes, voix), c'est-à-dire des variations que l'élément significatif qui correspond à chacun d'eux est exposé à subir indépendamment des autres. Il est utile enfin d'exprimer les circonstances qui servent isolément à traduire analytiquement les conjonctions des langues modernes. On voit par là combien est multiple le rôle du verbe et de quelles nombreuses modifications il est susceptible poūr présenter simultanément l'idée complexe qui résulte de toutes ces composantes.

Pour résumer cette complexité en une formule mathématique, soit R le radical du verbe, V une expression verbale quelconque, v l'idée de voix, m celle de mode, t celle de temps (p passé, a présent, f futur), e celle de l'espace (l lieu et p personne), on aura :

$$V = R' \, v \, m \left[\left(t \begin{Bmatrix} p \\ a \\ f \end{Bmatrix} \right) \left(e \begin{Bmatrix} p'' \\ l \end{Bmatrix} \begin{Bmatrix} s \\ r \begin{Bmatrix} d \\ i \end{Bmatrix} \end{Bmatrix} \right) \right]$$

où $p'' = p'$ varié en singulier, pluriel ou duel ; p' étant elle-même p^1, p^2, ou p^3, c'est-à-dire l'une des trois personnes moi, toi ou lui, masculine, féminine ou neutre.

Quant aux formations nominales, quant à la *déclinaison*, il n'y a plus à exprimer que des relations d'espace ; on fait donc $v = $ o, $m = $ o, $t = $ o et, en hindoustani ou en français, $p = $ o, ce qui donne

$$N = R' \, l \begin{Bmatrix} s \\ r \begin{Bmatrix} d \\ i \end{Bmatrix} \end{Bmatrix}$$

où s représente le sujet c'est-à-dire le nominatif, r le régime, c'est-à-dire le cas direct d (accusatif) ou les cas obliques, indirects, i (datif, génitif, etc.). Il peut d'ailleurs être singulier, duel ou pluriel, masculin, féminin ou neutre.

Nous allons maintenant étudier la manière dont s'y prennent les dialectes indiens modernes qui constituent l'hindoustani pour exprimer les divers éléments du verbe et du nom.

CHAPITRE II.

Formations nominales.

12. L'étude de la dérivation nominale comprend tout
ce qui est relatif aux nuances subjectives de genre et de
nombre, aux nuances objectives de cas, enfin aux diverses
espèces de formations nominales : substantifs, adjectifs,
pronoms, noms de nombre, adverbes, prépositions, conjonctions, etc.

§ A. — GENRE ET NOMBRE.

L'indien antique, dont le sanskrit est le représentant
littéraire, distinguait trois genres : le masculin, le féminin
et le neutre ; et trois nombres : le singulier, le duel et le
pluriel. Ces distinctions, conservées aussi par la plupart
des anciennes langues indo-européennes, ont disparu dans
beaucoup de langues modernes. Les genres étaient en effet
devenus purement conventionnels ; originairement le neutre
caractérisait tout ce qui n'était pas susceptible de sexua-
lité (1), mais plus tard on attribua un genre, masculin ou
féminin, à des objets matériels ou abstraits qu'on voulut.

(1) Les langues dravidiennes font neutre tout ce qui n'est ni
homme ni femme (par extension, ni dieu ni diable); les animaux et
les enfants y sont neutres. En télinga, une femme même est neutre ;
mais au pluriel, les noms de femmes sont du même genre que ceux
des hommes.

distinguer de la masse, qu'on personnifia. La distinction primitive n'avait plus de raison d'être ; elle disparut tout à fait dans la suite des temps. C'est ce qui est arrivé en hindoustani.

Il en a été de même du *duel*. Ce nombre, intermédiaire entre l'unité et la collectivité, se retrouve dans beaucoup de langues très anciennes, dans beaucoup d'idiomes qui correspondent à un état de civilisation fort peu avancé (1). Mais les idiomes modernes l'ont presque toujours supprimé et confondu avec le pluriel. Ç'a été encore le cas de l'hindoustani.

a. — Du Genre.

13. L'hindoustani ne possédant que le masculin et le féminin, la plupart des mots neutres en sanskrit sont devenus masculins ; les masculins et les mots féminins ont conservé leur genre.

Parmi les principales exceptions on peut citer :

1º Neutres devenus féminins : *âmkh* « œil » de *akṣi*, *bastu* « chose » de *vastu ; gât* « corps » de *gâtra* ;

2º Masculins devenus féminins : *âg* « feu », *âmc* « flamme », *ghâm* « chaleur (solaire) », *bâs* « odeur », de *agni, arci, gharma, vâsa* ;

3º Féminins devenus masculins : *môtî* « perle » de *mâutrikam*. — C'est le seul exemple qu'ait noté M. Kellogg.

En fait, dans le langage populaire, le genre des noms n'est guère distingué. Des confusions sont journellement faites, surtout pour les mots terminés par une voyelle.

Beaucoup de noms sont masculins ou féminins pour

______

(1) Par exemple les langues *kolariennes* du centre de l'Inde.

ainsi dire de nature, par leur sens : *mard* « homme »,
qâzî « juge » sont masculins ; *bêtî* « fille » est féminin.

On donne comme une exception l'arabe *ḳabila* (*kabilah*)
« épouse » qui est masculin, parce que son sens primitif
était « famille, tribu ».

Sont encore généralement masculins : les métaux, bijoux,
minéraux (sauf *cândî* « argent » dont le prototype skr.
est féminin) ; les noms de temps : an, mois, jour ; les
montagnes et les mers ; les corps célestes ; les qualités
morales ; les noms de parenté et les noms d'action.

Sont généralement féminins les noms des jours lunaires
et les rivières ou fleuves.

14. Quant aux terminaisons qui pourraient caractériser
les genres, il n'y a non plus rien d'absolu. Cependant :

Les noms en *â, ân, u, û, ô, âu, v,* et ceux formés par
les dérivatifs *j* (ja) « né de », *pan, panâ, pâ* (subst. de
qualités), sont en général masculins, ainsi que les noms
persans et arabes commençant par *ta,* et ayant un *u* à la
dernière syllabe (*ta'alluq* « relation, service »), et ceux
de même origine dont la voyelle pénultième est longue ou
suivie d'une consonne redoublée (*tasarruf* « usage,
emploi » ; *talâwat* « lecteur du Qoran ») ;

Les noms en *â* provenant de féminins skr., ceux en *i, î,
ş, hat, vaṭ, vat,* sont au contraire féminins, ainsi que les
noms arabes et persans commençant par *ta* et dont la
consonne finale est précédée par *î* (*taswîr* « tableau »,
taqsîr « crime, faute »).

L'usage, ou le dictionnaire, apprendra le genre des
noms, qu'il est utile de connaître pour l'accord grammatical
exigé par la syntaxe ; mais, en général, on peut dire que
la grande distinction générique en hindoustani est marquée

par *â* pour le masculin (dial. de Braj. *âu* ; dial. occid. *ô*)
et *î* pour le féminin :

larkâ « garçon », *larkî* « fille » (1) ;
ghôrâ « cheval », *ghôrî* « jument » ;
kâlâ « noir », *kâlî* « noire » ;
bôlâ « il dit », *bôlî* « elle dit » ;
kartâ « (lui) faisant », *kartî* « (elle) faisant ».

15. Cette dernière règle est si naturelle que beaucoup
de noms sanskrits ont été dédoublés. On leur a donné
une forme masculine en *â* lorsqu'on a voulu y joindre une
idée de force, de grandeur, et une forme féminine en *î*
dans le cas contraire ; ainsi, on a fait :

De *bhândam* « pot », *hâmdâ* « marmite, grand
chaudron » (masculin) et *hâmdî* « pot de terre, petit
chaudron » (féminin) ;

De *raçmi* « corde », *rassâ* « câble » (masculin) et
rassî « ficelle » (féminin) ;

De *guḍa*, *gôla* « balle », *gôlâ* « grosse boule, boulet
de canon » (masculin), *gôlî* « boulette » (féminin).

16. Il suit de là que pour féminiser les noms en *â*, il
suffit de changer cet *â* en *î*. Les grammairiens donnent
encore les règles suivantes :

A des noms terminés par une consonne on ajoute *î* ;
par exemple *dêv* « dieu », *dêvî* « déesse » ; *brâhman*
« brahmane », *brâhmanî* ; *bandar* « singe », *bandarî*
« guenon » ; *bhêr* « mouton, bélier », *bhêrî* « brebis » (2) ;

(1) Les étymologistes cherchent là l'origine du mot d'argot *largue*
« femme ».

(2) On supprime quelquefois par euphonie la voyelle de la dernière
syllabe, lorsque le groupe résultant est formé de continues : *hiran*
« lapin » fait *hirnî* « lapine ».

— mais il suffit le plus souvent, pour expliquer ces formes, de se reporter aux prototypes sanskrits *dêva*, *brâhmana*, *bandara* ;

Des noms de métiers en *î* font au féminin *in* : *dhôbî* « blanchisseur » fait *dhôbin* ; *mâlî* « jardinier » fait *mâlin* ; — cf. encore le sanskrit ;

D'autres terminés par une consonne ajoutent *in* ou *nî* : *sônâr* « orfèvre » fait *sunârin* ou *sunârnî* ;

-D'autres mots, principalement des noms d'animaux, ajoutent aussi *nî*, en rétablissant euphoniquement l'*a* final masculin (1) : *simh* « lion », *simhanî* « lionne » ;

Enfin pour rendre cette idée « la femme de » on ajoute *ânî* au masculin, même s'il s'agit de mots d'emprunt : *pandit* « savant » fait *panditânî* « l'épouse du savant », le persan *mihtar* « balayeur » fait aussi *mihtarânî*. *Anî* devient quelque fois *âin* : *gurvâin* « la femme de guru » (2).

Le mot turc *bêg* « chef » et le mot persan *k'hân* « seigneur » font leur féminin en *am* : *k'hânam*, *bêgam* (souvent écrit par les Anglais *begum*).

Inutile d'ajouter que, comme dans toutes les langues, on emploie, dans beaucoup de cas des mots différents : *sâmr* « taureau », *gâô* « vache » ; on a recours aussi au procédé des Persans qui, à l'instar des Anglais, ajoutent *nar* au masculin et *mâdah* au féminin : *nar gâô* « taureau », *mâdah gâô* « vache », *sêr nar* « tigre », *sêr mâdah* « tigresse ».

_____

(1) L'*a* final thématique sanskrit tombe en effet régulièrement en hindoustani : *râma* fait *râm*, etc.

(2) Remarquez la consonnification de *u*.

b. — *Du Nombre.*

17. Il ne pouvait en être du nombre comme du genre. Le neutre pouvait devenir masculin ou féminin ; le duel n'a pu que purement et simplement disparaître. Tout ce qui n'est pas unique a été mis au pluriel.

Quel est en général le signe du pluriel en hindoustani ?

Voyons ce qui se passait en sanskrit et comment les dialectes populaires anciens ou modernes ont traité les terminaisons classiques tant dans les formations nominales que dans les dérivations verbales.

Le suffixe de pluralité du sanskrit est, dans les formes nominales, *as* pour le masculin et le féminin, *i* (*âni, îni, ûni*) pour le neutre ; elles se retrouvent, variant en *ê* au masculin, dans les pronoms ; dans le verbe, on a encore *s* (*as, us*) et *i* (*nti, ti*) qui varient en *a, an, am, hê, âi, ê, u* (*ntu, tu*). Le développement de ces variantes s'explique phonétiquement et l'on peut considérer comme établi en principe que la pluralisation en vieil indien s'opérait par *as* (où le *s* tend à être aspiré et le *h* subséquent à être nasalisé) ou par *i* précédé d'une nasale et susceptible de tomber.

Dans les prâkrits, *as* ou *ah* passe généralement à *ê*, par affaiblissement avec allongement compensatif, si l'on veut, et si l'on ne préfère pas y voir une mutation simple de *âs, ăh*, pluriel des noms si nombreux du type *a* : ce phénomène s'était déjà opéré dans les pronoms sanskrits et dans les formes moyennes du verbe : le neutre *âni* est devenu *âi* où *âiṁ*.

Dans le vieil hindi, nous trouvons *ani* pour le masculin

(il n'y a déjà plus de neutre) : *narani* « hommes »,
battani « mots » ; plus tard, l'*i* final tombe et l'on a
bâlakan ou *bâlkan* « enfants », mais cette finale sert surtout à l'oblique pluriel. L'hindi moyen conserve *ani* et *an*
et a de plus *anh, anhi : carananh* « pieds », *ghôḍanhi*
« chevaux » (oblique). Le nom pluriel est généralement
dépourvu de terminaisons ; les féminins terminés par
une consonne font *âiṁ* comme en prâkrit : *râtâiṁ*
« nuits » de *rât* ; ceux en *i* faisaient *iṁ : pôthîṁ* « livres ».
On trouve d'anciennes terminaisons masculines en *âṁ, ân*.
Le dialecte moderne de Braj a des noms pluriels féminins en *îm* pour *iyâm* et *âi*m pour *êm*.

Voilà pour les substantifs et adjectifs. Quant aux pronoms, on trouve dans les anciennes langues les terminaisons *ê, âun, an, ani, an, in, un ;* il n'y a rien là de
contraire à nos précédentes observations.

Le verbe prâkrit pluralise en *o, h, nt* et le verbe hin-
doui (puisqu'on appelle ainsi le vieil hindi) par l'addition
d'une nasale, sauf à la seconde personne.

L'hindoustani moderne a suivi la voie tracée. Les noms
masculins en *â* y font leur pluriel en *ê* au nominatif, ceux en
ân font *ê* ou *êm ;* les uns et les autres font *ôm* à l'oblique ;
ceux terminés par une consonne restent tels quels au
masculin, mais prennent *ôm* à l'oblique ; — les féminins
en *i, î,* font *iyâm, îâm,* au nominatif et *iyôm, îôm* à .
l'oblique (1), ceux en *u, û,* ajoutent *âm* et quelques-uns
intercalent un *w* euphonique ; les féminins terminés par

___

(1) Les formes participiales verbales féminines en *i* font *in : kahtê*
« ils disent », *kahtin* « elles disent » ; *thâ* « il était », *thî* « elle
était », *thin* « elles étaient ». D'ordinaire, à défaut d'un sujet exprimé, ces formes sout accompagnées d'un pronom.

une consonne prennent *êm*; les diminutifs en *iyâ* font *iyâm*; — les noms de nombre ajoutent *ôm* au nominatif; tous ont *ôm* à l'oblique.

Les pronoms font *ê* et *in, on, enh*, suivant les dialectes.

Le pluriel dans les verbes est essentiellement caractérisé par une nasale, sauf à la seconde personne qui est en *ô, âu, aü, av, ab*, etc. Dans le parler spécial de Mithilâ, tous les temps du verbe ont une forme honorifique terminée en *ainhi* (l'*i* final ne se prononce presque pas); or on sait que l'honorifique, le respectueux, tient, dans toutes les langues, de la nature du pluriel.

18. Nous pouvons donc conclure de tout cela que le signe général du pluriel en hindoustani est une nasalisation terminale.

19. Mais il y a de remarquables exceptions à signaler.

L'hindi oriental a partiellement perdu le pluriel des noms; il dit bien *tarun* « arbres » (oblique), *bêṭan* « fils » (oblique), mais il n'a pas de nominatif pluriel. Les noms d'êtres raisonnables, au nominatif pluriel, ajoutent le mot *lôg* « monde » qui fait *lôgan* à l'oblique et reçoit alors les suffixes déclinatifs (1) : on a par exemple *bêtâ lôg* « les fils », *bêtâ lôgan kâi* « des fils », etc.

Le Mâithilî va plus loin encore; il a généralisé l'usage de ce pluriel périphrastique : aux noms raisonnables il ajoute *lôkani* sans distinction de nominatif ou d'oblique, *nênâ lôkani* « garçons »; mais en outre, à tous les noms il ajoute, soit devant, soit derrière, *sabh* ou *sabahi* (*i* pres-

---

(1) Cet emploi de *lôg* (sk. *lôka* « monde ») exclusivement appliqué aux personnes, dans l'acception de « gens », explique le sens particulier que prend, dans la poésie tamoule, le tadbhava *ulagu, ulagam* « le monde savant, les savants, les sages ».

que muet) et ne sait pas former autrement le pluriel :
nênâ sabh, sabah nênâ « garçons », *kathâ sabh* « his-
toires », *i sabh* « ceux-ci », *jê sabh* « lesquels », etc.

Le Bhojpurî se sert aussi de *sab* et dit *ghôra sab* « chevaux ».

Sab, sabh, sabah, sabahi viennent de *sarva* « tout ».

Ces exceptions confirment la règle.

20. *Lôg* est d'ailleurs employé comme signe de pluralité
dans l'hindi général, mais seulement dans un sens de
généralité : « les rois sont riches », « on est heureux
parmi les pauvres », etc., et avec des noms de personnes.
On emploie aussi dans le même sens les mots *gaṇ* « chœur,
troupe », *jan* « individu », *samkul* « race, famille », *sa-
majh* « réunion », *samudâî* « mélange », et autres, mais
l'emploi en est restreint à la poésie et ils ne servent que
dans des cas déterminés. Il y a plutôt ici composition
adjective que déclinaison.

Tous ces mots prennent *ôm* à l'oblique, c'est-à-dire avec
les particules de relation.

§ *B.* — DÉCLINAISON.

21. La *déclinaison* comprend la série des rapports
d'espace que tout mot et principalement que toute forme
nominale peut exprimer. Dans les langues anciennes, en
indo-européen surtout, ces rapports sont rendus par des
syllabes ayant eu primitivement un sens indépendant,
« maison, localité, mouvement, etc. », mais peu à peu
phonétiquement altérées au point d'être tout à fait méconnaissables ; de plus, beaucoup d'entre elles, par suite
d'un long usage, se sont presque confondues avec le mot

qu'elles modifiaient. Une conséquence remarquable de cette fusion a été la transposition du signe de pluralité qui, logiquement, devait être placé après le thème nominal, mais qui, en fait, s'est souvent joint au suffixe ; par exemple, le sanskrit dit au pluriel *nâma-bhi-s* « par les noms » où *bhi* est « par » et où *s* marque le pluriel ; le grec a le φι singulier conservé peut-être sous la forme *mi*, dans les pronoms sanskrits.

On a distingué, en sanskrit, *huit* rapports dans ces conditions : ce sont les *cas* des grammairiens. Il y a d'abord le *nominatif*, c'est-à-dire le sujet déterminé ; puis l'*accusatif*, régime direct ; l'*instrumental* correspondant à notre « par, au moyen de » ; le *datif* traduisant « à, pour » ; l'*ablatif* « de, depuis, hors de » ; le *génitif* marquant la dépendance, la possession, l'appartenance ; le *locatif* « dans » ; et le *vocatif*, appel intense qui n'est proprement pas un cas et qu'on peut laisser de côté dans les paradigmes.

De ces cas, les uns sont *directs*, c'est-à-dire peuvent être sujets, attributs ou régimes directs ; les autres sont *obliques*, c'est-à-dire ne sont intéressés qu'indirectement à une action ou à un fait, ne peuvent que servir d'intermédiaires, de compléments.

Nous avons donc à étudier successivement la formation des cas *directs* et celle des cas *obliques*, puis à rechercher les éléments qui servent à former ces cas.

a. — *Cas directs.*

22. Les langues anciennes classiques, le sanskrit, le latin et le grec, ont deux cas directs, le *nominatif* et

l'accusatif, indiqués par des suffixes différents, ajoutés à un thème vague, indépendant et ordinairement inusité sans suffixes.

Les langues modernes, dont beaucoup ont développé un article déterminatif, n'ont plus distingué le nominatif du thème. Beaucoup d'entre elles ont également perdu le suffixe de l'accusatif.

L'hindoustani, par une progression spéciale dont on retrouve des exemples dans d'autres idiomes (en espagnol et dans le français vulgaire) a assimilé le plus souvent l'accusatif au datif. Nous ne pouvons donc examiner chez lui que le nominatif.

23. Ce nominatif étant en même temps le thème, nous n'avons qu'à voir quelles sont ses principales terminaisons, d'où elles proviennent et ce qu'elles signifient.

Nous ne nous occupons, bien entendu, que du nominatif singulier.

On a vu plus haut qu'en général les noms masculins sont terminés en *â*, les féminins en *î*, et que beaucoup de mots ont les deux formes : *chôkrâ* « garçon », *chôkrî* « fille », mais cela n'est pas absolu.

Les noms masculins en *â* viennent : 1º de noms sanskrits en *a* dérivés par *ka* : *aka* a fait *aô* en prâkrit et *â* en hindi, exemple : *ghorâ* « cheval » vient de *ghôṭaka ;* 2º de noms sanskrits en *â* (thème *an*), exemple : *râjâ, âtmâ* (les neutres sanskrits perdent la finale, *nâm* « nom »); 3º de noms sanskrits en *tâ* (thème *tṛ*), *kartâ* « créateur » ; 4º de mots étrangers : *bâlâ* « maître », *bâbâ* « enfant », *dânâ* « sage », *dariyâ* « rivière », *khudâ* « dieu », *umrâ* ou *omrâ* ou *umrâü* « noble » sont des mots persans. Plusieurs de ces mots avaient originairement pour terminaison un *hé* que l'urdü a conservé : *dârôgâ* ou plus exactement *dârôg'ah* « prophète », *dânah* « grain », etc.

Les noms masculins en *î* viennent : 1º du sanskrit *i* (thème *in*) : *hâthî* « éléphant » de *hastî* (hastin), *pamchî* « oiseau » de *pakṣî* (pakṣin), *sâkhî* « certitude » de *sâksî* (sâkṣin) ; dans *sâîm*, de *svâmî* (svâmin) « seigneur », la nasale thématique se retrouve ; 2º de thèmes sanskrit en *tṛ* : ce sont des noms d'action généralement : *bhâî* « frère » de *bhrâtṛ*, *nâtî* « petit-fils » de *naptṛ*, etc. ; 3º de sanskrits neutres et masculins en *i* bref : *patî* « chef, seigneur » (donne aussi *pat*), *dahî* « lait caillé » (de *dadhi*, neutre) ; 4º de sanskrits masculins et neutres en *ika, iya* : *pânî* « eau » de *pânîyâm* (neutre), *pî* « amoureux, mari » de *priya* « aimé, chéri », *khatrî, chatrî, chêtrî*, de *kṣatriya* « homme de la caste militaire » ; 5º de sanskrits masculins ou neutres qui avaient *r, i* ou *î* à la pénultième et dont la finale est tombée : *ghî* « beurre » de *ghṛta* (neutre), *jî* « vie » de *jîva*, etc. ; 6º de thèmes incertains : *dhôbî* « blanchisseur », *parosî* « voisin », *môdî* « boutiquier », etc.

Les noms féminins en *î* viennent de sanskrits en *i* ou *î* ou *ika*.

Les noms féminins en *â* viennent : 1º de sanskrits féminins en *â* : *kathâ* « conte », *rasnâ* « langue », *chimâ, chamâ* « patience » (de *kṣêmâ*), *jâtrâ* « pèlerinage » (de *yâtrâ*), etc. ; 2º de thèmes incertains : *dibiyâ* « petite boîte », *ciḍiyâ* « oiseau », *buṛhiyâ* « vieille femme, etc. ».

Plusieurs dialectes ont des nominatifs pléonastiques. En hindi oriental, par exemple, les noms en *â* original peuvent ajouter *evâ* et *âivâ* au masculin, *iyâ, êyâ* et *iyavâ* au féminin ; ceux en *i* et *u, ivâ, iyavâ, uvâ, uavâ, ûvâ*

(masculin et féminin) ; et les voyelles radicales s'abrègent.
Au lieu de *ghar* « maison », *ghôrâ* « cheval », *mâlî*
« jardinier », *guru* « maître », on peut dire *gharevâi*
gharâivâ; ghorevâ, ghorâivâ; maliyâ, maliyavâ; guruvâ,
guruavâ, etc. (1).

24. Je ne m'occupe pas des autres terminaisons pour
ainsi dire naturelles ; mais il convient d'indiquer les principaux suffixes qui servent à la composition nominale et
qui n'ont pas de signification indépendante ou du moins
ne s'emploient pas à l'état isolé. Ce sont :

î « appartenance » : *sipâhî* « cipaye, soldat »; de *sipâh*
« armée »;

Gar ou *gâr* (persan) « faiseur » : *zar-gar* « orfèvre,
ouvrier en or »; *gunâh-gâr* « pécheur » (sanskrit *kara,
kâra*);

Gîr « preneur » (persan) : *jahân-gîr* « conquérant,
preneur du monde » ; cf. le nom d'Aureng-zeb *'âlamgîr*
« conquérant du monde » (*'âlam*, arabe);

Dâr « possesseur », *zamîn-dâr* « teneur de terre »;

Sâr (persan) « abondance » ou « ressemblance » : *kôh-
sâr* « montagneux », *tum-sâr* « pareil à vous »;

Wân, vân ou *bân* (sanskrit *vân*) « possession », *darbân*
« portier », *mêz-bân* « entreteneur » (*mêz* « table » est
emprunté au portugais), *dhanwân* « riche »;

Wâlâ, vâlâ « action » : *dillî-wâlâ* « habitant dē Delhi »,
nâw-wâlâ « batelier »;

Hârâ (sanskrit *kâra*) « action » : *lakaṛ-hârâ* « bû-
cheron ».

Ces terminaisons s'ajoutent à la forme oblique du nom :

____

(1) *evâ, ovâ* ont des *e* et *o* brefs.

kahnêwâlâ « diseur », *sontê-bardâr* « massier », de *kahnâ* « action de dire », *sontâ* « masse ».

D'autres suffixes sont plus proprement adjectifs ; on les trouvera plus loin.

D'autres servent à former des mots abstraits : *î* par exemple ; ainsi de *dânâ* « sage » on fait *dânâî* « sagesse » (persan) (le *hé* final se durcit en *g*, *tâzagî* « fraîcheur » de *tâzah* « frais ») ;

— *pan* ou *panâ* : *larkâ-pan* « enfance », *baniyâ-pan* « négoce » ;

— *hat* : *karwâ-hat* « amertume ».

D'autres sont des diminutifs : *ak*, *mardak* « petit homme » (persan) ; — *iyâ*, *biṭiyâ*, *beṭiyâ* « petite fille » ; — *ca* ou *cî*, *degcî* « petit chaudron », *bâgh-ca* « petit jardin ».

On a vu plus haut que l'idée de diminution peut être aussi exprimée en féminisant le nom masculin.

b. — Cas obliques.

25. Les cas obliques, au nombre de cinq en sanskrit (puisque nous laissons de côté le vocatif), étaient l'instrumental, le datif, l'ablatif, le génitif et le locatif. Ils ne suffisaient point à indiquer toutes les relations ; aussi employait-on, comme en latin, en grec et dans les autres langues congénères, des particules placées tantôt avant et tantôt après le mot intéressé (prépositions, postpositions), qu'on séparait ordinairement du mot dans l'écriture. De ces particules, la plupart s'ajoutaient à certains cas indirects, quelques-unes à l'accusatif. Plusieurs étaient synonymes des suffixes casuels dont elles ne faisaient que confirmer

le sens. Il en est résulté que peu à peu on s'habitua à ne voir l'idée de relation que dans les particules ; les distinctions originaires entre les cas furent perdues de vue, les suffixes furent confondus et leur forme sonore s'altéra profondément. C'est ainsi que le latin a passé au vieux français avec deux cas seulement (nominatif et accusatif). Déjà, du temps de Cicéron, les prépositions jouaient un grand rôle dans la langue.

26. On comprend donc que dans le langage de l'Inde moderne il n'y ait plus aussi que deux cas pour ainsi dire, le direct, et l'oblique auquel se joignent les particules de relation.

Les noms masculins en *â* (dont l'*â* final n'est pas organique) font *ê* à l'oblique singulier ; ceux en *ân* font *ên* ou *ê* (1), tous les autres restent invariables. L'oblique pluriel est toujours *ôm*, substitué à *ê* ou *êm* ou ajouté au mot invariable.

27. Quelle est l'origine de ces suffixes ?

Remarquons d'abord que le dialecte de Braj peut faire *âi* au lieu de *ê* et *âum* au lieu de *ôm* qui est le plus ordinairement remplacé par *n* ou *ni*. Le Mârwârî et les autres dialectes de la Rajpûtanâ font *â* à l'oblique singulier ; ils ont *ô* au nominatif et *ân* au pluriel ; ils ont un instrumental singulier en *âi*. Les dialectes orientaux abrègent généralement la longue finale.

Dans le vieil hindi et dans l'hindi moyen, on employait *hi* avec ou sans prépositions, pour rendre l'idée d'un cas indirect quelconque : *gharahi* « à la maison », *vamsahi*

____

(1) Les noms persans en *ah* (*hè*), font comme s'ils se terminaient en *â* : *bandah* « serviteur » a *bandê* à l'oblique.

« de la race », *samchêpahi* « en résumé » ; on trouve aussi *him : râmahiṃ* « à Rama ». L'oblique pluriel ajoutait *n, nh, nhi,* au nominatif singulier. On rencontre exceptionnellement quelques terminaisons casuelles sanskrites : *êna* (instrumental), *âd* (datif), *i* (locatif), etc. ; il y a quelques exemples d'instrumental en *ê* et en *aya*.

Le prâkrit faisait, dans ses principaux dialectes, pour des thèmes en *a* au singulier :

	Mahârâstrî	Çâurasênî	Magadhî	Apabhramça
Instr.	*êna.*	»	»	»
Abl.	*âdo, âdu.*	*â, âhi.*	»	*âdu, âhê.*
Gén. Datif.	*assa.*	»	*âh.*	*âho, âhê, âhu.*
Loc.	*ê.*	»	»	*ê, i, âhin.*

La dérivation est évidente, en ce qui concerne *â* ou *ê*.

Quant aux suffixes pluriels, *ôm* paraît se rattacher à la même source que les terminaisons dialectiques *ân, an, ani, âûn;* et cette source serait le génitif pluriel sanskrit *ânam*, prâkrit *âṇam*. En revanche, *nh, nhi*, seules formes anciennes, seraient le reste des anciennes formes plurielles prâkrites :

	Mahârâstrî.	Apabhramça.
Inst.	*êhi, êhim.*	*êhim, âhim, ihim, ûhim.*
Abl.	*sunto, hinto,*	*ahum.*
Loc.	*êsu, êsum.*	»
Gén. D.	»	*aham.*

Il y aurait donc analogie complète entre l'oblique singulier et l'oblique pluriel ; l'un et l'autre proviendraient d'une confusion entre les formes des divers cas indirects de la langue mère.

c. — *Particules de relations.*

28. Les particules qui servent à exprimer les relations sont principalement les suivantes :

1° *Kâ* (masculin), *kî* (féminin) ou *kê* (oblique), qui s'accorde avec le déterminé, comme nous le verrons plus loin, et qui correspond au « de » génitif ;

2° *Kô*, qui correspond à « à » datif ;

3° *Tâîm*, *Tâim* (occ.) « à, jusqu'à, sur » ;

4° *Tak* et *talak* « jusqu'à » ;

5° *Tê*, *Têm* « de, dès, hors de, etc. », ablatif ;

6° *Nê*, qui correspond au « par » instrumental ;

7° *Par* « sur » ;

8° *Mêm* « dans » (locatif) ;

9° *Varê* (or.) « à, pour » ;

10° *San* (or.) « avec, pour .» ;

11° *Sanî* (occ.) « pour, en faveur de » ;

12° *Sê* « de (ablatif), avec, par, etc. ».

Elles s'ajoutent à l'oblique, tant au singulier qu'au pluriel.

29. Il est utile et intéressant de donner leurs variations dialectiques et historiques et d'en rechercher l'origine.

1° *Kâ* varie en *kô*, *kâu* (Braj), *kêrô*, *rô* (*rî*, *rê*), *lô*, *ló* (*lî*, *lâ*, ou *lâi*), *gô*, *kar* ou *kâi* (oriental, direct ; oblique *kê* ou *karê*), et *k* ou *kêr* (Mâithilî) ; — historiquement, on rencontre *k*, *kar*, et masculin direct singulier *kêr* ou *kêrâ* ; oblique singulier et direct pluriel, *kêr*, *kêrê*, féminin *kêrî* ou *kêri*. Toutes ces formes peuvent être phonétiquement rattachées au prâkrit *kêra*, *kêraka* « fait (par), relatif à, appartenant à », qui est une altération

— 48 —

probable du participe passé sanskrit *krta* ou de son dérivé *krtaka ;* on comprend ainsi pourquoi la particule *kâ, kê,* ou *ki,* est traitée exactement dans la langue usuelle comme un adjectif ou un participe et s'accorde avec le mot déterminé.

2° *Kô* varie en *kâum* (Braj.), *nâi, âi, kê* (or.), *kanî, sanî, kamham, kun, ku, kôm,* et *kahûm, kâhû, kaham, kam, kêm* (Maithilî). — Les formes historiques sont *kaham, kahûm, kahum, kâhûm,* qui s'emploient souvent avec le sens de « auprès de » ; M. Hoernle les rattache au locatif sanskrit *kaksê* « dans la forêt, dans la lande » par l'intermédiaire du prâkrit (apabhramça) *kacchê* et de ses altérations euphoniques normales. M. Kellogg rattacherait plutôt les formes modernes sans aspirations au sanskrit *krta,* sous les variations prâkrites *kadam, kadê, kinnê ;*

3° *Tak* ou *talak ;*

4° *Tâim* ou *taîm ;*

5° *Tê, têm,* sont rapportés par M. Hoernle à des formes prâkrites *taiê, tariê,* du locatif de *tarita* sanskrit ou *uttarita* « passé (à) » ; Monier Williams et Kellogg voient dans *tak* ou *talak* l'affixe sanskrit *daghna* devenu *daghan* metathésé en *danagh* où *n* aurait passé à *l* ; M. Beames rattache *tê* à la terminaison adverbiale sanskrite *tas,* et *taîm* à *sthanê* « dans la place ».

6° *Nê* « par » a été rattaché à l'instrumental sanskrit ; mais on a fait observer que l'usage de cette particule est inconnu au vieil hindi ; elle n'aurait été inventée qu'au XVI° siècle et proviendrait de l'ancienne forme du datif *nâim.*

7° *Par, pari, pa* (urdu), et *pâi* (occ.) « dans, sur » viennent du sanskrit *para* ou *upari ;*

8° *Mêm*, qui varie en *mâim*, *mââi*, *mâhâi*, *mai*, *môm* (dialectes occidentaux), *mâ*, *mê*, *ma*, *mâmhîm*, *mâmjh* (dialectes orientaux), et qui avait anciennement les formes *madhi*, *maddhi*, *majhi*, *mamjh*, *majjham*, *mâhâim*, *mâmhîm*, *mahi*, *mâi*, vient très vraisemblablement du locatif *madhyê* « au milieu (de) » ;

9° *Varê* est du sanskrit pur ;

10° *San*, *sanê*, *sên*, *sêni* (or.), sont rattachés par M. Hoernle au sanskrit *sangê* « dans la réunion », ainsi que la particule nord-occidentale

11° *Sani* (1), qui exprime les relations du datif ;

12° *Sê*, qui varie en *sêti*, *sûm*, *hai*, *sôm*, *çîm*, *ûm*, *sam* (Mâithili), pourrait avoir la même dérivation que 3° *tak*, 4° *tâim* et 5° *tê* (voyez ci-dessus). Peut-être, tenant compte de sa signification « avec » et des formes nasales, serait-il préférable d'y voir, avec M. Beames, un reste du sanskrit *sam*. Peut-être aussi ces *tê* et *sê* ne sont-ils pas autre chose que des formes pronominales.

30. Ces particules, peuvent comme nos prépositions, se combiner : *mêm sê* s'emploie pour « hors de », *kê tâim*, pour « à (datif) », etc.

31. D'autres particules, qui ne se joignent pas ordinairement à l'oblique et par suite correspondent encore plus exactement aux prépositions ou aux postposi-

---

(1) Peut-être serait-il préférable de chercher aux particules hima-layennes *sani*, *kani*, *hunî* (datif), *hundo* (génitif), *tanâi* (génitif), et aux *taim*, *tê*, *sê*, et leurs variétés, une seule et même origine. Le prototype serait évidemment un monosyllabe, formé d'une explosive gutturale ou dentale, d'un *a* et d'une nasale, et peut-être dérivé lui-même par un suffixe vocalique en *ê* ou *i*. Est-ce un pronom? Est-ce un substantif dans le genre de *karna*, *karana*, etc., contracté?

tions des langues modernes expriment d'autres nuances.
Les principales sont *bâhir* ou *bâhar* « sans » ; — *bíc*
« dans, parmi » ; — *bâdê* (or.) « pour » ; — *layê, layêm,
lâum, lôm* (occ.) ou *liyê* (or.) « pour, en faveur de » ;
— *lag, lagi* (or.), *lôgi* (occ.) « à, pour, jusqu'à » ; —
kanê, kanâi, kâmnî, kaní, kaṇi (occ.) « à, pour, à cause
de » (sanskrit *karnê*) ; — *pâs* « à, chez, près de » (sanskrit
pârçvê) ; — *bhîthar* « dans, en dedans » (sanskrit *abhyan-
tarê*) ; — *âgê, âgû* « devant » (sanskrit *agrê* « dans le
front ») ; — *pâchê, pâchû* « derrière » (sanscrit véd. *pac-
chê*) ; — *nîcâ, nîcû* « sous » (sanskrit *nijê* « dans le
bas ») ; — *upar* « sur » (*par, parî, pâî*) ; — *thî, thîm*
de (ex) » (sanskrit *sthanê* « dans la place »), etc.

32. Ces particules sont habituellement ajoutées à la particule *kê* du génitif (forme oblique) ; il en est de même
des particules empruntées à l'arabe ou au persan, telles
que *ba'd* « après », *bâ'is* « à cause de », *nazdîk* « près,
d'après », *wâstê* « pour, à cause de », *siwî* ou *siwâê*
« excepté, outre », etc. Certaines autres, également d'emprunt, prennent le masculin *kî* et non l'oblique *kê* : *tarah*
« à la manière de, comme », *khatir* « pour », etc. D'autres
prennent *kî* quand elle sont placées après le nom et *kê*
quand elles le précèdent : *mânind* « comme », *taraf* « vers »,
bamadad « à l'aide de, au moyen de », ex. : *mânind târê
kê* ou *târê kî manind* « comme une étoile ».

33. Certaines post positions sont des mots usuels de la
langue : *hâth* « main » et *hâth* « compagnie » (sanskrit
hasta et *samhita*) s'emploient pour « par, au moyen de,
avec, en compagnie de ».

§ *C.* — FORMES PRONOMINALES.

34. Les pronoms sont des noms d'une espèce particulière ; les uns désignent spécialement les individualités, les autres sont essentiellement déterminants. Les premiers sont les pronoms *personnels*, les seconds les pronoms *démonstratifs, interrogatifs, relatifs, possessifs*. Il y a aussi les pronoms *indéfinis* qui sont des noms collectifs pris dans un sens très vague et très général.

a. — *Pronoms personnels.*

Comme dans la plupart des langues, on ne connaît en hindoustani que les pronoms des deux premières personnes (celui de la troisième est remplacé par les démonstratifs) et on y ajoute le pronom réfléchi correspondant à notre « soi, se » : ce pronom réfléchi prend des formes spéciales quand il est employé respectueusement, honorifiquement. De même, en effet, que la plupart des idiomes indo-européens modernes, l'Hindi se sert, dans une intention de déférence ou de respect, du pluriel au lieu du singulier, et de la troisième personne au lieu de la seconde.

Les pronoms reçoivent les particules de relations de la même manière que le nom, sauf deux exceptions.

35. Voici les formes ordinaires des pronoms :

	1re personne	2e personne	Réfléchi	Réfléchi honor.
Dir. sing.	*mâim.*	*tû, tâim.*	*âp.*	*âp.*
Obl. sing.	*mujh.*	*tujh.*	*âp, apnê.*	*âp.*
Dir. pl.	*ham.*	*tum.*	*âp.*	*âp, âp lôg.*
Obl. pl.	*ham.*	*tum.*	*âpas.*	», *âp lôgôm.*
	hamêm.	*tumhêm.*		
	hamôm.	*tumhôm.*		

On dira donc *mujh mêm* « en moi », *tujh kô* « à toi », *âpnê* « par vous (resp.) ».

Le réfléchi *âp* ne prend pas le gén. *kâ* ; il dit, en abrégeant la voyelle initiale, *apnâ* (masculin, *apnî* féminin, *apnê* oblique), tandis que le respectueux dit *âp kâ* (*kî, kê*). *Apas* ne s'emploie qu'avec *kâ* et *mêm*.

Les pronoms *mâim* et *tû* ne prennent pas non plus d'ordinaire le *kâ* ; leurs génitifs sont : 1º singulier *mêrâ* (*rî, rê*), pluriel *hamârâ* (*rî, rê*); 2º singulier *têrâ* (*rî, rê*), pluriel *tumhârâ* (*rî, rê*). Au lieu de *mujh kô* et *tujh kô* « à moi, à toi », ils peuvent dire aussi *mujhê, tujhê*. Enfin, ils ajoutent *nê* « par » exclusivement à leurs nominatifs, *mâim nê, tû nê*.

36. L'origine de toutes ces formes paraît bien établie. *Mâim* varie dialectiquement en deux types bien différents :

1º *Hôm, hâum* (Braj) *hum* (Marwârî), *ham* (Mâithilî) ;

2º *Mêm, mamym, maïm, maym*. Le dialecte Mêwarî a une forme mixte *mhûm*. Le vieil hindi avait les formes *hôm, hâum*. Il est donc probable que les formes en *h* viennent du sanskrit *aham* ; celles en *m* sont expliquées par un ancien oblique (instrumental *mayâ* ou génitif-datif *mê*) nasalisé. — L'oblique varie en *mô, mvâ, mvahi* (or.), *môhi, muhi, mâim, mê* (Braj), *ma, mha, mho, mhâ*, qui se rapportent au prâkrit *mai, maha, mahu*, qui sert pour tous les cas. Les dialectes de Bîhar ont *ham* comme au direct. L'ancien hindi disait *mô, môhi, muhi*.

Au pluriel, *ham*, qui est un singulier, a pris la place du pluriel *vayam* ; les dialectes orientaux disent *ham* ou *ham lôg* ; le Maithilî *ham sabh* ; le Bhôjpurî *hamanî*.

D'autres variétés ont *hamh, mhâim, mhô*. L'ancien hindi

disait *ham* et *haman* à l'oblique, qui varie en *ham, hamôm, hamêm, hamâim, hamâum, hamhim, mhôm,* dans les patois modernes. Ces formes viennent du prâkrit *amh-* qui représente le radical sanskrit *asm-*.

A la seconde personne, on a, au singulier, dir. *taïm, taym, tâim* (or.), *tâi* (occ.), *tûm* (Braj), *th'ûm* (Mêwarî), *tim, tamym, tamh, tê, tâum, tû, tòm* ou *tômh* (Mâithilî). Les anciennes formes étaient *tâum, tâim, tûm;* comme pour la première personne, l'origine de ces formes est dans un ancien oblique général; le nominatif *tvam* n'a laissé aucune trace. L'oblique actuel (anciennement *tô, tôhi, tuhi*) varie en *tô, tâi, thâi* (Mârwârî), *thâ, tha, thô* (Mêwârî), *tuïn, tôï, tvâï, tvâm, tvâ, tvahi, toh* (bref), *tôh, tômh, tumh, tôhi; tû, tâim, tê, tvî;* toutes ces formes représentent les prâkrits *taï, taïm, taü,* dérivés de *ta* ou *tû* sanskrits par le suffixe oblique *hi*. — L'analogie avec la première personne se poursuit au pluriel, qui était jadis au direct *tum, tamh, tumah,* et à l'oblique *tum,* et qui fait maintenant : direct *tôm sabh* ou *tômh sabh* (Maithilî), *tûm* ou *tum lôg* (oriental général), *thô, thâim, tumû, tuman, tumh, tumah, thê, thâi;* oblique *toh, tômh, tumh, tumhôm, tumhâum* ou *tumhâim, tumhêm, tumhâ* (occidental général), *tumum, tuman, thâm.* Le prototype prâkrit est en *tumh-*.

Les formes obliques classiques *mujh, mujhê* (occidental *muj*) « moi » et *tujh, tujhê* « toi » viennent des génitifs prâkrits *mujjha, majjhu, tujjha, tujjhu,* etc.

Quant aux génitifs en *râ* dont voici les variations : 1re singulier, *mêrâ, mérâu* (Braj), *mêrò, mârò, mhârô, mhârâu, mórâ* (or.), *mvâr, hamar* ou *hamâr* (Mâithilî); *mhâ kô, mhâ lô, mhâu rô, mhâu lô* (Mêwarî) ; — 1re pluriel *hamârâ, hamârâu* (Braj), *hâmârô, hamar, hamhâr, hamani kâ, mâmrô* ou *mhâmrô* ou *mhâmlô, mhâm kô* ou *lô* ou *mhâm varâm kô* ou *lô* (Mêwarî), *hamârâ sabhak* (Mâithilî); — 2ᵉ singulier *têrâ, têrâu, têrô, thârô, tôr, tvâr, thurâ, thâ kô* (ou *lô*), *tôhar*; — 2ᵉ pluriel *tumhârâ, tumhârâu* ou *tuhârâu, tumhârô, tumhar, tumar, tumhâr, tuhâr, thâm kô, thâm lô, thâm lô, thâmrâu kô, tôharâ sabhak*; — on est généralement d'accord pour voir dans ces formes une contraction des obliques et de la particule génitive *kâ* qui a pour origine *kêr, kêrâ,* etc.

Le dialecte de Bhojpûr dit au génitif pluriel *tuhnî kâ*; nous retrouvons là une forme *tohani* (1) que l'hindi oriental emploie pour la seconde personne plurielle féminine; il a aussi *hamani* pour la première. Les formes à finales brèves *hamani, tomani, tuhani,* sont dialectiques, mais asexuées.

Le pronom réfléchi *âp* est regardé comme une contraction de *âtmana* qui est le signe du réfléchi en sanskrit.

Le même mot est pris pour le pronom honorifique dans l'idiome classique et littéraire et dans les dialectes occidentaux, surtout dans la vallée du Gange. Dans le patois de Rîwâ, il fait *apnâ* au nominatif singulier. Dans le Panjab et les régions himalayennes, on n'use pas du respectueux; on emploie le singulier là où d'autres mettraient le pluriel. Dans les dialectes orientaux, on emploie au lieu de *âp,* le mot *râurâ, raürâ, ravâm* et au pluriel *raüranh* : M. Hoernle y voit le prâkrit *râula* ou *râaüla* (sanskrit *râjakula* « royal, de race royale »).

____

(1) *o* bref.

Le Mâithilî, qui paraît user beaucoup de l'honorifique, emploie *apnê* ou *aham* (qui est évidemment de la même origine) au singulier ; au pluriel il dit *apnê* ou *aham sabh, aham sabahi, aham lokani.*

b. — *Pronoms déterminatifs.*

37. Voici le tableau de ceux qui sont usités en hindoustani général, avec leurs principales variations orientales, occidentales (1) et historiques (2).

	Nominatif singulier	Oblique singulier	Nominatif pluriel	Oblique pluriel
Démonstr. prochain.	*yih.*	*is.*	*yê, yih.*	*inh, in, inhôm.*
	yah, î.	*ê, eh.*	*î, yah.*	*enh.*
	yô, yâ.	*ihi, in.*	*yâi, âi.*	*inhâum, yâm, inâm.*
	yêhu, ih, ih, êk.	*ih.*	*yê, yah.*	*in, inhôm.*
Démonstr. éloigné.	*wuh.*	*us.*	*wê, wuh.*	*un, unh, unhôm.*
	vah, û.	*ô, oh.*	*û, vah.*	*onh.*
	vô, vû.	*uhi, un.*	*vâi.*	*unhâum, vâm, unâm.*
	ô.	*ôh.*	*ê.*	*ôn.*
Démonstr. commun.	*sô, tâun.*	*tis.*	*sô, tâun.*	*tin.*
	tê, sê.	*tê, teh.*	*tê, tavan.*	*tenh.*
	tâin.	*tihi, tin, tini.*		*tinhâum, tâm, tinâm.*
	sô, sû, sê, tavan.	*tih, têh, tâ.*	*tâ.*	*tin, tê.*

(1) Les dial. *Mêwârî* et *Marwârî* ont des formes masc. et fém. : *yô, yâ; vû, vâ; tikô, tikâ; jikô, jikâ,* etc.

(2) Aux secondes lignes, *eh, enh, oh, onh,* etc., sont brefs.

	Nominatif singulier	Oblique singulier	Nominatif pluriel	Oblique pluriel
Relatitf.	*jô, jâun.*	*jis.*	*jô, jâun.*	*jin, jinh, jin-hôm.*
	jê.	*jê, jeh.*	*jê.*	*jenh.*
	jâi.	*jâ, jêhi, jin.*	*jâi.*	*jinhâum, jâm, jinâm.*
	jô, jû, javan.	*jih, jêh, jâ.*	*jê.*	*jin, jê.*
Interrog. (personnes et choses).	*kâun.*	*kis.*	*kâun.*	*kin.*
	kê.	*kê, keh.*	*kê.*	*kenh.*
	kô, kâi, kôn.	*kâ, kâhi, kun.*	*kô, kâi, kôn.*	*kinhâum; kunâm.*
	kô, kâvan.	*kih, kêh.*	*kavan.*	*kin.*
Interrog. (choses inanim.).	*kyâ.*	*kâhê.*	*kyâ.*	»
	kâ.	*kâ, kâhê.*	»	»
	kâhâ.			
Indéfini (quelqu'un).	*kôi.*	*kisi.*	*kôi, kai.*	»
	kê, kêhu.	*kê, kêhu.*	*ki, kêhu.*	*kê, kêhu.*
	kôu, kâunâu.	*kâh, kuni.*	*kôu, kâunâu.*	*kâh, kuni.*
	kêhu, kâhu.	*kêhu, kâün.*	*kêhu.*	*kêhu.*
Indéfini (quelque chose).	*kuch.*	*kisû, kuch.*	*kuch.*	»
	kacu, kachuk.	»	»	»

Ces pronoms viennent certainement du sanskrit classique *âyâm, iyâm, âdam; âsâu,* etc. (1), *sas, tat, yas, kas,* etc.

c. — *Pronoms indéfinis.*

38. Outre « quelqu'un » et « quelque chose », il y a en français des mots comme « chacun, un autre, on »

____

(1) Ce ne doit pas être pourtant au skr. classique que se rattachen les démonstratifs prochain et éloigné, mais à des formes vulgaires et communes en *i* et *u* simples ou tout au moins inaltérés.

qu'on classe parmi les pronoms. On les rend en hindoustani par des formes adjectives.

« On » est traduit quelquefois par *lôgôm* dans le sens de « les gens » ; dans ce sens, *lôg* a un féminin singulier *logâi* « une femme quelconque ». En hindi oriental, «on » peut se traduire par le pronom démonstratif éloigné pluriel.

§ *D.* — FORMES ADJECTIVES.

a. — *Adjectifs proprements dits.*

39. Les adjectifs sont généralement invariables.

Ceux terminés par *â* ou *ân* varient en *î*, *în* au féminin, en *ê*, *ên* à l'oblique. Dans le dialecte de Braj, les formes sont : masculin *âu*, féminin *î*, oblique *ê*, *âi*. En Mârwari, on dit *ô*, *î*, *â*.

Des adjectifs sont formés à l'aide des terminaisons suivantes :

A (possession) : *bhûkhâ* « altéré », de *bhûkh* « soif » ;

Ana (ressemblance) : *'arûsâna* « nuptial, d'époux » de *'arûs* « épouse » ;

I (appartenance) : *'arûsî* « nuptial », *Hindûstânî* « de l'Hindoustan » ; *sipâhî* « de l'armée » (de *sipâh* « armée ») ;

Ilâ, *êlâ* : *saj* « forme », *sajêlâ* « bien fait » ;

Dâr (possession) : *wafâ-dâr* « fidèle » (persan) ;

Mand (possession) : *daulat-mand* « riche » ;

Mân (possession) : *sâd-mân* « content » ;

Sâr (plénitude) : *koh-sâr* « montagneux » (persan);

War (possession) : *nâm-war* « renommé ».

La plupart de ces terminaisons servent à former des

substantifs. La différence entre l'adjectif et le substantif est purement syntactique ; l'adjectif n'est en général qu'un nom employé qualificativement. Le suffixe du génitif *kâ* n'est pas autre chose qu'un adjectif.

Il n'y a pas en hindoustani de terminaisons spéciales pour ce qu'on appelle les degrés de comparaison.

b. — Adjectifs pronominaux.

40. Des pronoms démonstratifs dérivent deux séries d'adjectifs marquant, les uns la quantité, les autres l'espèce ou la nature.

De *yih*, viennent : 1° *itnâ, ittâ* (occ. *itnô, itnâu, atrô, atrarô* ; or. *êtkâ, êtnâ, yêtik, atêk* ; anc. *itâ, âtâ, êtâ*) « autant que (ceci) », et 2° *âisâ* (occ. *âisô, âisâû, isyô, âirô* ; or. *ênô, ênû, âis, âisan* ; anc. *as*) « tel (que ceci) » ;

De *wuh*, viennent : 1° *utnâ, uttâ* (*vutnâ, vitnâ, vêtnâ* ; occ. *utnô, utnâu, utrô, utrarô* ; or. *ôtkâ, ôtnâ, vutik, utêk* ; anc. *utâ, ôtâ*) « autant que (cela) », et 2° *wâisâ* (occid. *wâisô, wâisâu, usô, wâirô* ; or. *vanô, vanû, vâiô, wâisan*) « tel que cela » ;

De *sô* ou *tâun*, viennent : 1° *tittâ, titnâ* « autant » (*tâi*, et formes analogues aux précédentes) ; 2° *tâisâ* (variations analogues) « tel que » ;

De *jis*, viennent *jitnâ, jittâ* (*jâi, jitâ*, et variations analogues) « autant que lequel » et *jâisâ* « tel que lequel » ;

De *kis* enfin viennent *kitnâ, kittâ, kâi* (et analogues) « combien ? » et *kaisâ* (et analogues) « comme quoi ? »

On peut citer encore *sâ* « semblable à » (du sanskrit

sama) ou « tout » (du suffixe sanskrit *sas*) et divers mots simples.

1° *Ek* « un » ; — *dûsrâ* « un autre (littéralement deuxième) » ; — *dônôm* « tous deux » (dialectique *dunum*) ; — *sârâ* « tout » ; — *âur* « autre » ; — *bahut* « beaucoup » ; — *nij* « propre » ; — *sab* « tout » (*sarva*) ; — *kaî* ou *kâi* « plusieurs » — qui sont indiens ;

2° *Har* « chaque » ; — *cand* « plusieurs » — qui sont persans ;

3° *Bâj, bâjê* « quelque » ; — *ĝâir* « autre, différent » ; — *fulânâ* « un certain » (1) ; — *kull* « entier », — qui sont arabes.

Il y a aussi les composés *har êk* « chacun » ; — *bahut sârâ* « énormément de » ; — *kâi êk, kitnê êk* « maint » ; — *jis tis* « quiconque » ; — *âur kuch* « quelque autre » ; — *sab koî* « chacun » ; etc.

c. — Adjectifs numéraux.

41. On sait qu'il y en a de deux sortes, les *cardinaux* et les *ordinaux*.

Les premiers, en hindoustani, ont été tellement altérés que leurs formes sont irrégulières. C'est seulement par la mémoire que l'on peut apprendre ceux de 1 à 100. Je ne donne ici que les principaux :

1. *Ek (ik, âik, yak).*
2. *Dô (dui, dôu, dvâu, dvâi).*

(1) Écrit *phulânâ* en dêvanâgarî (var. dial. *fulanvâ*). On sait que ce mot a passé en espagnol où il est très employé : *fulano, fulana* « un tel, une telle ».

3. *Tîn (tîni).*

4. *Câr (câri, câu).*

5. *Pâmc.*

6. *Cha (chah, châi, chê).*

7. *Sât.*

8. *Aṭh (âṭ).*

9. *Nâu (nav, nû, nûn).*

10. *Das (daç).*

11. *Igârah, gyârah (êgârah, êgyârah).*

12. *Bârah.*

13. *Têrah.*

14. *Câudah.*

15. *Pamdrah.*

16. *Sôlah (sôlâ, sôrah, sôrah).*

17. *Sattrah (satrâ, satrah).*

18. *Aṭârah (athârah).*

19. *Unîs (unnîs, unâis, onâis (o bref).*

20. *Bîs.*

30. *Tîs.*

40. *Câlis.*

50. *Pacâs.*

60. *Sâṭh (sâṭhi).*

70. *Sattar (sattari).*

80. *Assî.*

90. *Navvê (navê, nabbê, nawad, nâuwad).*

100. *Sâi, sâu (sat, sal).*

1000. *Hazâr (hajâr).*

On dit encore, au delà de mille, *lakh* (100,000) ; *karor* (*karor, karor,* transcrit par les Anglais *crore*) « dix millions », qui a pour synonyme *niyut* ; puis *arb, kharb, nîl, pador, sankh,* de cent en cent fois plus forts.

42. Les adjectifs et noms numéraux fractionnaires les plus fréquemment usités sont : *páo, páv,* du sanskrit *páda, pádika* « un quart » ;

âdh, âdhâ, du sanskrit *arddha* « demi » ;

páun, páunâ, páunê, du sanskrit *pádónah* « un quart de moins, trois quarts » ;

savô, du sanskrit *sapádika* « avec un quart, un et quart » ;

dêṛh, dâuṛhâ, dêoṛhâ, du sanskrit *dvi-arddha* (« deux demi » que M. Beames compare à l'allemand *halbzwei*) « et un demi » ;

aṛhâî (sanskrit *arddha-dvi?*) « deux et demi » ;

sâṛhê (sanskrit *sârddhaka*) « plus une demie », etc.

On dérive aussi les noms des fractions des nombres eux-mêmes : *câuthâ* « un quart », *tihâî* « un tiers », *dahâî* « un dixième », *sorâî* (*o* bref) « un seizième », etc.

43. L'addition de *â* ou *î* forme des collectifs : *bîsâ* « une vingtaine », *battîsî* « une trente deuxaine ».

Les numéraux substantivés font leur pluriel nom. et obl. en *ôm : cârôm* « les quatre » ; « cent » fait *sâikrôm : sâikrôm pêr* « des centaines d'arbres », etc.

44. Les nombres ordinaux dérivent des cardinaux :

Dûsrâ « second » ;
Tîsrâ « troisième » ;
Câuthâ « quatrième » ;
Páncwân « cinquième » ;
Chatthâ ou *chathwân* « sixième » ;

Et ainsi de suite, en ajoutant *wân* (au féminin *wîn*, obl. *wên* ; les dialectes font *â* (*î*), *âu* (*î*), *mâ* (*mî*) ou *ma*.

« Premier » se dit *pahilâ, pahilâ* (*pahilâu, pahilâu, pahilô, pahilô* ; or. *pahil, pahel* (*e* bref), *pahilkâ, pahelkâ* (*e* bref), que l'on dérive du sanskrit *prathama* par le changement du *th* en *ḍh* qui s'est ensuite réduit à l'aspirée, la chute de la finale, la réduction du groupe consonnantique initial et l'addition du suffixe dérivatif *il*.

CHAPITRE III.

Formations verbales.

45. Ces formations sont essentiellement caractérisées par l'idée de temps qu'elles expriment toujours plus ou moins et aussi par l'idée d'espace limitée primordialement à la personne subjective. « Aimant » c'est « une personne qui exerce, au moment considéré, l'action d'aimer » ; « je souffrirai » c'est « la personnalité de mon individu, qui sera prochainement dans l'état de souffrance ».

Les dérivés verbaux sont d'ailleurs de plusieurs espèces : 1° Les verbes proprement dits exprimant les nuances principales et directes de l'action verbale, et embrassant l'ensemble de ce qu'on appelle *la conjugaison* ; 2° les adjectifs verbaux ; 3° les noms verbaux.

Le *verbe* proprement dit peut être *simple*, ou *composé* c'est-à-dire *périphrastique ;* il varie suivant les nuances de voix, modes, temps et personnes.

a. — *Verbe simple.*

En Hindoustani la conjugaison est beaucoup moins complexe qu'en sanskrit. Le radical demeure toujours inaltéré ; la dérivation s'opère exclusivement par suffixes.

Nous prenons toujours pour type l'idiome classique.

46. Voix. On distingue trois voix dérivées : la voix

active ou *transitive ;* la voix *neutre* ou *intransitive ;* et la voix *causative.*

Le radical verbal, sous sa forme normale, est naturellement *intransitif* : *mar* « mourir », *bandh* « être attaché ».

Pour le rendre *transitif*, on allonge la voyelle radicale : *mâr* « túer, battre » ; *bândh* « attacher » ; *khinc* « se retirer » donne *khînc* « tirer » ; *nikal* « sortir », *nikâl* « faire sortir, expulser, envoyer ». Au lieu d'allonger la voyelle, on peut la guner : *khul* « s'ouvrir » donne *khôl* « ouvrir » ; *khinc*, cité plus haut, peut faire aussi *khâinc* « tirer », etc. ; exemple : *dôr khultâ* « la porte s'ouvre » et *dôr khôltâ* « il ouvre la porte ».

Tel est l'usage avec les radicaux consonnantiques monosyllabiques dont la voyelle radicale est brève. Les monosyllabes qui ont une voyelle longue abrègent cette voyelle (*ê* devient *i* et *ô, u*) et ajoutent *â* s'ils sont consonnantiques, *lâ* s'ils sont vocaliques (1) : *bôl* « parler », *ḍûb* « étouffer » (n.), *bhîg* « être humide », *pî* « boire », *dê* « donner », *sô* « dormir », font *bulâ* « entretenir », *ḍubâ* « étouffer » (act.), *bhigâ* « mouiller », *pilâ* « abreuver », *dilâ* « faire donner », *sulâ* « endormir ». Ce procédé est aussi celui des radicaux polysyllabiques et de certains monosyllabes brefs : de *pahunc* « arriver » vient *pahuncâ* « envoyer, de faire arriver », de *paṛh* « lire », *paṛhâ* « faire lire », etc.

La syllabe finale est parfois euphoniquement modifiée.

---

(1) Ce *lâ* vient aussi après des thèmes aspirés : *bâiṭh* « s'asseoir », et *dêkh* « voir », font *biṭhâ* ou *biṭhlâ, bâiṭhlâ* ou *bâiṭhâ, dikhâ* ou *dikhlâ.*

Ainsi, dans les dissyllabes consonnantiques, *a* tombe : *pakar* « prendre », donne *pakrâ* « tenir » ; les explosives finales s'adoucissent (*t* en *ḍ* puis *ṛ*, etc.). On cite *phuṭ* « se fendre » qui fait *phôṛ* « fendre », *phaṭ* « se déchirer » qui fait *phâṛ*, *bik* « se vendre » qui donne *bêç*, *rah* « rester, demeurer » qui devient *rakh*.

Pour un radical à sens parfaitement transitif, il n'y aurait qu'à retourner, qu'à renverser les règles ci-dessus.

47. Le *causatif* se forme en ajoutant *wâ* : *bujh* « s'éteindre », *bujhwâ* « faire éteindre » ; *pakarwâ* « faire prendre », *khulwâ* « faire ouvrir », *bikwâ* « faire vendre », *bandhwâ* « faire attacher », etc. Les monosyllabes longs s'abrègent : *bulwâ* « faire parler » ; ceux qui prennent *l* au transitif le gardent : *pilwâ* « faire boire » (1).

48. Les dialectes populaires n'offrent pas de particularités remarquables à signaler. On sait que les transitifs et intransitifs sanskrits différaient précisément par la quantité de la voyelle et que les causatifs étaient dérivés par *aya* (d'où *â*) et *âpaya* (d'où *âv*). Quant au *l* intercalaire, euphonique, je supposerais qu'il est pour *t* (comme c'est le cas, on le verra plus loin, pour le participe de l'hindi oriental) : le sindhî a *r* et le gujarati *ḍ*.

49. Modes. — Des trois modes logiques (*indicatif*, *subjonctif* ou *conjonctif*, et *optatif*) l'hindou moderne ne possède que le premier. Il a aussi un *impératif*, mais ce n'est point là proprement un mode, car le radical verbal n'y modifie point son sens absolu. Entre « fais » et « (il faut que) tu fasses », il y a cette différence que dans le

____

(1) Je ne puis citer ici les irrégularités telles que *khilâ* de *khâ* « manger ».

premier, c'est le sujet qui est à l'état de dépendance et que dans le second c'est l'idée radicale qui est contingente.

50. TEMPS. — Il y a trois temps naturels : *passé, présent, futur*, qui peuvent se nuancer de diverses façons en *imparfait, plus-que-parfait, futur antérieur ;* une variation commune à beaucoup de langues de l'Inde et à la plupart des langues agglutinantes consiste dans la production de l'*aoriste*. Nous appelons ainsi une forme verbale dont le sens temporel est vague, indéterminé, et quoique généralement présent, peut impliquer une idée de passé et d'avenir.

L'hindoustani, en fait de formes dérivées simples, n'a qu'un *aoriste*. En y ajoutant l'*impératif*, cela fait deux temps grammaticaux. Ils sont à peu près identiques et sont formés par l'union au radical des terminaisons personnelles.

51. Voilà pour la langue classique. Les dialectes vulgaires sont plus riches ; on trouve du moins dans la Râjpûtânâ un futur caractérisé par un *s* (ou son succédané *h*) radical et les éléments personnels sujets.

52. L'aoriste n'est qu'une altération du vieux présent sanskrit en *ami*, etc., et le futur représente les futurs en *iṣyâmi*, etc.

53. PERSONNES. — Les trois personnes ordinaires n'ont qu'un singulier et un pluriel ; il n'y a pas de terminaison spéciale pour chacun des deux genres.

54. Cela posé, voici le type des deux temps simples de l'hindi classique et ses principales variations dialectales :

PRÉSENT

(rad. *mâr* « battre »).

1re pers. sing.	*mâr-um*	(occ. ôm, âum; or. aüm, um, ôm).
2^e	*mâr-ê*	(occ. âi, î; or. as, ê, u, a muet).
3^e	*mâr-ê*	(occ. âi, a; or. aï, i, ê, âi).
1re pers. plur.	*mâr-êm*	(occ. âim, âm, âum, um; or. um, ôm, ô, an, im).
2^e	*mâr-o*	(occ. âu; or. aü, ab, an, a, ah).
3^e	*mâr-êm*	(occ. âim, an, âi, i; or. mym, îm, aim).

On préfixe d'ordinaire le pronom personnel (*mâim*, *tû*, *wuh*, *ham*, *tum*, *wê*) parce que la première et la deuxième personne singulière d'une part, la première et la troisième personne plurielle de l'autre se ressemblent (1).

Les radicaux terminés par une voyelle intercalent un *w* facultatif (l'urdu n'en use généralement pas) avant *ê* et *ên* : *bulâwê* ou *bulâê* « tu appelles » ou « il appelle », etc.

L'impératif ne diffère de ce type que par la seconde personne du singulier qui est constituée par le simple radical, *mâr*.

55. Voici le futur des dialectes de la Râjputânâ :

1re pers. sing.	*mâr-â asyum* (*asum*, *ahum*).
2^e	*mâr-asî* (*ahî*).
3^e	*mân-asî* (*ahî*).
1re pers. plur.	*mâr-asyâm* (*ahâm*).
2^e	*mâr-asyô* (*ahô*).
3^e	*mâr-asî* (*ahî*).

Nous parlerons plus loin des formes respectueuses.

56. Il convient de donner ici le présent du verbe « être »

(1) *Ani* et *ati* ont fait *aï*, *ê*; *amah* et *anti* se sont assourdis, réduits et semblablement nasalisés.

qui est l'auxiliaire le plus employé. Le dialecte classique prend le radical *hô* (sanskrit *bhû*) ; la plupart des patois font de même. Mais, spécialement comme auxiliaire, on se sert généralement de radicaux en *h* ou *ch* qu'on rattache à l'*as* sanskrit.

Voici les formes de *hô* :

	Class.	Braj	Râj.	Himal.	Or.
1re p. s.	*hôûm.*	*hôûm.*	*vhêûm.*	*hôûm, hunî, humlô.*	*hôûm, hôûm.*
2e	*hô, -ê.*	*hôy.*	*vhâi.*	*hôi, hôv, hunâi, hôlê.*	*hês, hôy, vhâs.*
3e	*hô, -ê.*	*hôy.*	*vhâi.*	*hôv, hôn, hôlô.*	*hôy, vhây.*
1re p. pl.	*hôm, -êm.*	*hâumy.*	*vhâiâm.*	*hôvâûm, hôvan, hunâ, humlô.*	*hôi, hôim, hôn.*
2e	*hô.*	*hâu.*	*vhâiô.*	*hôyâî, hôvan, hunâ, hôlâ.*	*hôü, hô, vhâv.*
3e	*hôm, -êm.*	*hâumy.*	*vhâi.*	*hôvan, hunâ, hulâ.*	*hômym, hôîm, vhâmym.*

Voici celles des radicaux rattachés à *as* :

1re p. s.	*hûm.*	*hâum.*	*chûm.*	*châum.*	*âm, chî.*
2e	*hâi.*	*hâi.*	*cha, châi.*	*cha, châi.*	*hâi, chêm.*
3e	*hâi.*	*hâi.*	*cha, châi.*	*cha.*	*â, achi.*
1re p. pl.	*hâim.*	*hâim.*	*châum.*	*châum.*	*hâim, chî.*
2e	*hô.*	*hâu.*	*chan.*	*cha, chan.*	*ahên, chî.*
3e	*hâim.*	*hâim.*	*chan.*	*chan.*	*âm, chathi.*

L'hindi oriental a des auxiliaires spéciaux : *bâṭ, bâr, vâṭ, vâr, bar, var* « être », et *â* « venir » qui s'abrège et prend *l* :

	Masculin	Féminin	Masculin	Féminin
1re p. s.	*bâṭom.*	*bâṭyûm.*	*alôm, alyôm.*	*alyûm.*
2e	*bâṭes (ê).*	*bâṭis (î).*	*ales, alê.*	*alis, alî.*
3e	*bâtâit, bây.*	*bâ.*	*ales, al.*	*ales, al.*
1re p. pl.	*bâṭî.*	*bâṭî.*	*alî.*	*alî.*
2e	*bâṭah (a).*	*bâṭyû.*	*ala, alah, alyah.*	*alyû.*
3e	*bâṭai.*	*bâtîm.*	*alen, alâim.*	*alin, alîm.*

Mais la comparaison avec les autres dialectes d'une part, les doubles formes masculines et féminines de l'autre, montrent que ce sont essentiellement là des formes participiales, adjectives, malgré leurs suffixes personnels.

Nous ne croyons pas utile de parler ici des autres auxiliaires ; il en sera question dans le paragraphe ci-après.

b. — Verbe périphrastique.

Les formes périphrastiques sont composées : 1º du radical verbal, d'un adjectif verbal ou d'un nom verbal ; 2º d'un verbe auxiliaire seul conjugué. Elles suppléent à la pauvreté de la langue et expriment de nouvelles *voix* et des *temps* supplémentaires.

57. VOIX PÉRIPHRASTIQUES : 1º *Intensif*. — On ajoute au radical intransitif les verbes *â* « venir » et *uṭ* « lever », au transitif *dê* « donner » et *ḍal* « lancer », à l'un ou à l'autre les verbes *jâ* « aller », *paḍ* (*par*, *par*) « tomber », *lê* « prendre » et *rah* « demeurer » : *mâim dêkh rahûm* « je contemple », *tum khâ jâô* « vous avalez », *wuh gir paḍê* « il tombe tout à fait », *ham girâ dêwên* « nous précipitons » (aoriste).

2º *Fréquentatif*. — On ajoute au participe passé le verbe *kar* « faire », *bôlâ kârtâ hâi* « il bavarde » ;

3º *Potentiel*. — On ajoute au radical le verbe *sak* « pouvoir », (*jân* « connaître » en hindi or.) : *likh saktâ hûm* « je puis écrire » ;

4º *Continuatif*. — On ajoute au participe présent le verbe *rah* « demeurer » ou le verbe *jâ* « aller » ;

5º *Désidératif*. — On ajoute au participe passé *câh* (or. *châh*) « désirer » ;

6º *Terminatif*. — On ajoute au radical *cuk* « finir »,
mâim likh cuktâ hûm « je finis d'écrire » ;

7º *Passif*. — On ajoute au participe passé le verbe
jâ « aller » : *vah patr likhâ gayâ* « cette lettre a été
écrite » (hindi). M. Hoernle suppose que cette forme
vient d'une méconnaissance du suffixe prâkrit qui représente le *ya* sanskrit et où l'on a vu le radical « aller ».

Il n'y a à proprement parler que les verbes conjugués
avec le radical qui forment des voix périphrastiques gram-
maticales. Les autres sont des composés syntactiques. On
cite encore, parmi les combinaisons les plus ordinaires,
celles des verbes *lag* « commencer », *dê* « donner » et
pâ « obtenir », avec l'oblique du nom verbal (ou infinitif)
pour marquer l'idée de commencement (voix inchoative),
de tolérance et d'acquisition.

58. Temps périphrastiques. — A proprement parler,
on ne devrait regarder comme tels que ceux formés du
radical et d'un auxiliaire ; il n'y a guère dans ce cas que
le présent de l'indicatif de l'hindi oriental, et encore est-ce
plutôt un temps participial, comme je l'ai dit plus haut.
Il est formé par l'addition au radical de l'auxiliaire en *l*
conjugué ci-dessus. Le présent de *parh* « lire » sera
donc :

	Masculin	Féminin
1re pers. sing.	*parhâilôm, -lyôm.*	*parhâilyûm.*
2e	*parhâiles, -lê.*	*parhâilis, -li.*
3e	*parhâilâ.*	*parhâilê.*
1re pers. plur.	*parhîlâ.*	*parhîlâ.*
2e	*parhâilah, -lyah, -la*	*parhâilyû.*
3e	*parhâilen, -lâim.*	*parhâilin, -lôm.*

59. Mais dans la langue classique, il y a d'autres temps

périphrastiques. D'après M. Kellogg, on en compterait quatre, formés de l'addition au participe présent et au participe passé des deux aoristes auxiliaires *hûm* « je suis » et *hôum* « je deviens ». Ce seraient par exemple :

1. Présent, imparfait.   *girtâ hûm* « je tombe, je tomberai ».
2. Imparfait conditionnel.   *girtâ hôum* « je peux tomber ».
3. Passé parfait.   *girâ hâi* « il est tombé ».
4. Parfait conditionnel.   *girâ hô* « il peut être tombé ».

Dans l'hindi oriental, M. Hoernle compte dix temps ainsi formés : un *présent* par le participe présent et *bâṭ* « être », un *passé défini* par le participe passé, un *passé habituel* (ou *imparfait*) ou un plus-que-parfait par le participe présent ou passé et le verbe *rah* « demeurer », etc.

c. — Adjectifs verbaux.

60. Les adjectifs verbaux ou participes sont, dans l'idiome classique, au nombre de deux, le *participe présent* et le *participe passé*.

Le premier se forme par l'addition de *tâ* (obl. *tê*, féminin *tî*, pluriel *tê*, pluriel féminin *tîm*) au radical : *mârtâ* « frappant », *bôltâ* « disant ».

Le second par l'addition de *â, ê, î, îm*, seulement : *bôlâ* « dit », *mârâ* « battu ». Après *â, î, ô* un *y* euphonique est intercalé et *î* s'abrège : *lâyâ* « porté », *piyâ* « bu », *sôyâ* « semé ». Les verbes *hô* « devenir », *mar* « mourir », *kar* « faire », *dê* « donner », *lê* « prendre », *jâ* « aller », *tân* « déterminer » font irrégulièrement *huâ, muâ, kiyâ, diyâ, liyâ, gayâ, ṭayâ;* on a dialectiquement (occid.) *karâ, marâ, jayâ*.

Pour *tâ* et *â*, le dialecte de Braj fait *tâu* et *yâu* ; le Mârwârî *tô* et *yô*, *yôṛô*, etc.

Dans l'hindi oriental, le participe présent est en *t* et le passé en *l* (*al* ou *il*) : *paṛhat* « lisant », *paṛhal* « lu », *khâil* ou *khâyal* « mangé ».

Le participe présent caractérisé par *t* vient du participe sanskrit en *at*, *ant* ; le participe passé, du participe en *ta* dont le *t* est tombé ou s'est adouci en prâkrit : dans le premier cas, on a eu les formes occidentales vocaliques ; dans le second cas, on a eu les formes orientales par l'affaiblissement de *d* en *l*.

61. L'hindoustani commun a un participe futur qui dérive de l'aoriste en ajoutant *gâ* (*gê*, *gî*) à toutes les personnes ; ce *gâ* paraît se rattacher à la racine « aller » (1).

Dans beaucoup de dialectes, la formation est la même, mais on se sert de suffixes différents (voyez ci-après).

d. — *Noms verbaux*

62. Je ne crois utile d'en signaler ici que deux : l'un qui est le verbe impersonnel absolu et correspond à notre *infinitif* ; l'autre qui est le verbe impersonnel relatif et peut être appelé *gérondif*. Les grammairiens appellent d'ordinaire le second *participe conjonctif*. En hindi oriental, on a nommé le premier *participe futur*, parce qu'il prend aussi le sens de « qui doit ou pourra être l'objet de l'action ».

____

(1) On fait remarquer à ce propos qu'en français *aller* est un auxiliaire du futur : « je vais faire » est synonyme de « je ferai, j'ai à faire ». Cf. les formes créoles *mo va manzé* « je mangerai ».

L'infinitif (ou *participe futur*) ajoute au radical *nâ*, *marnâ* « mourir », *dênâ* « donner ». Dialectiquement, on dit *nâum*, *ivâum* (Braj); *nô, an, ṇô, ṇû, bô* (Rajp.), *ṇô* (Himal.); les dialectes orientaux ont *ab* ou *ib* : *parhab* « lire » ou « ce qu'on doit lire », *khâib* « manger », ou « ce qu'on doit manger ».

Les formes en *b* se rattachent au participe futur passif sanskrit en *tavya*; celles en *n* au participe en *anîya*.

63. Le *gérondif* est formé par l'addition au radical de *ê, kê, kar, karkê, karkar*, c'est-à-dire qu'il est simple ou périphrastique, *kar* n'étant que le radical de « faire ». Le radical simple sert aussi de gérondif.

Dans le dialecte de Braj les terminaisons sont *i, kâi, kari;* dans la Râjputânâ, *nê, unê, r* ou *knê* (avec le participe présent). Dans le dialecte oriental, *ai* bref, *i, aikê, ikê* et *y* (après une voyelle).

Faut-il voir dans ces *ai, ê, i* un reste du sanskrit *ya?*

e. — *Formes respectueuses.*

64. Le pluriel est généralement employé respectueusement pour le singulier, comme nous l'avons déjà vu. Le pronom *âp*, de son côté, correspond à peu près à l'allemand *Sie*.

Mais il y a des formes spéciales honorifiques.

La langue courante ajoute au radical *iyê, iyô, iyêgâ*. Le premier et le troisième s'emploient avec les égaux ou les supérieurs; le second avec les égaux ou les inférieurs. Les radicaux en *î* intercalent *j*, ceux terminés en *ê* deviennent *i* et intercalent *j* : *lê* « prendre » fait *lîjiyê* « veuillez prendre ». *Kar* « faire », *mar* « mourir » et *hô* « être, devenir » font *kîjiyê*, *mûjiyê*, *hûjiyê*.

Le dialecte de Braj dit *âi* et *âu* pour *ê* et *ô*. Le Mârwârî et le Mêwâri ont les terminaisons *jô*, *jyô*, *jê*, *jyê*. Les dialectes orientaux emploient *ihê*, *iha*.

On suppose que ces formes viennent du suffixe *ijja* qui caractérise le passif en prâkrit (sanskrit *ya*).

65. Le patois de Mithilâ, dont M. G.-A. Grierson a tracé une excellente exquisse, paraît très riche en formes respectueuses. Chaque forme personnelle est susceptible de quatre modifications, suivant que le sujet et le régime sont tous deux respectables, que le sujet est respectable et le régime ordinaire, que le sujet est ordinaire et le régime respectable, enfin que le sujet et le régime ne sont respectables ni l'un ni l'autre.

Avec le pronom *aham*, *âp*, de troisième personne respectable et les distinctions de masculin et de féminin, cela donne une variabilité et une richesse de formes à rendre jaloux les idiomes dont la conjugaison a la prétention d'être le plus compliquée, c'est-à-dire le basque ou les langues de l'Amérique.

CHAPITRE IV.

Notions syntactiques.

a. — *Temps participiaux.*

66. Pour avoir ce qu'on appelle la conjugaison complète d'un verbe en hindoustani, il faut ajouter aux formes simples et périphrastiques données ci-dessus certaines combinaisons de participes qui, jointes aux pronoms personnels, s'emploient d'une façon absolue pour traduire certaines nuances verbales.

Elles sont formées du participe présent, du participe passé, ou du participe futur, ou bien de l'un ou l'autre des deux premiers participes, et des participes des verbes auxiliaires. Le participe passé de « être » est substitué par *thâ* (de la racine *stha* « stare »).

Le verbe *gir* « tomber » par exemple fait, suivant Kellogg :

1º Un AORISTE OU IMPARFAIT INDÉFINI : *mâim girtâ* « je tombe, je tombais, je tomberais » ;

2º Un AORISTE DÉFINI OU PASSÉ INDÉFINI : *tû girâ* « tu es tombé » ;

3º Un FUTUR : *wuh girumgâ* « il tombera » ;

4º Un FUTUR ÉVENTUEL : *mâim girtâ hûmgâ* « je dois tomber » ;

5º Un IMPARFAIT DÉFINI : *mâim girtâ thâ* « je tombais » ;

6º Un passé éventuel : *tû girâ hûmgâ* « tu dois être tombé » ;

7º Un plus-que-parfait : *wuh girâ thâ* « il était tombé ».

Je laisse de côté d'autres combinaisons fort rarement employées, ainsi que les combinaisons propres aux dialectes vulgaires.

b. — *Règle générale d'accord.*

67. Les mots variables, c'est-à-dire pouvant indiquer l'un ou l'autre genre, l'un ou l'autre cas (direct ou oblique), l'un ou l'autre nombre, — et ces mots variables sont l'adjectif ou le participe, — s'accordent toujours avec le sujet exprimé ou sous-entendu.

La règle se résume, dans la langue classique, par la variabilité de la terminaison en *â* (*ân*) qui devient *î* (*în*) au féminin singulier, *ê* (*ên*) au pluriel et à l'oblique, et quelquefois (dans les participes) *în* ou *îân* au féminin pluriel.

Exemples : *barâ mard* « grand homme » ; *barî kitab* « grand livre » ; *barê mardôm par* « sur de grands hommes » ; *tisrî randî* « la troisième femme » ; *satwîn larkî* « la septième fille » ; *us kâ sâ jism* « un corps semblable au sien » ; *us kê sê jism kô* « à un corps semblable au sien » ; *mumh par makkhî baithî* « la mouche se posa (participe) sur la bouche » ; *paratis karnê lagê* « ils commencèrent à faire leur dévotions » ; *kâmpnê lagîn* « elles commencèrent à trembler » ; etc.

Remarquez que cette règle est logiquement suivie par le suffixe du génitif. *Kâ*, n'étant originairement qu'un participe, qualifie le déterminé et s'accorde avec lui. Aussi devra-t-on-dire : *mard kâ bêṭâ* ou *bêṭâ mard kâ* « le fils de l'homme » ; *mard kî bêṭî* « la fille de l'homme » ; *mard kî bêṭî sê* « par la fille de l'homme » ; *bêtê sê mard kê* « par le fils de l'homme » ; *mard kê bêtê* « les fils de l'homme » ; *ṣahr kî taraf* « vers (du côté de) la ville ». Ce dernier exemple est à noter.

c. — Construction participiale ; prayôgas.

68. Les grammairiens indigènes reconnaissent à toute phrase la possibilité d'une triple construction dont une directe et deux participiales. M. Beames les appelle respectivement *subjective*, *objective* et *impersonnelle ;* il en donne, en latin, les exemples suivants :

Subj.	*Rex urbem condidit.*
Obj.	*A rege urbs condita est.*
Impers.	*A rege urbi conditum est.*

Les noms sanskrits sont *kartari prayôga, karmani prayôga* et *bhâvî prayôga.* M. Hoernle appelle les deux premières *constructions passive-active* et *passive.* J'appellerais volontiers ces trois constructions *directe, inverse* et *attributive.*

L'hindoustani emploie les deux dernières, et surtout la construction inverse, avec les verbes transitifs dans les temps participiaux dérivés du participe passé. Pour traduire « j'ai battu la fille » il dira *mâim nê laṛkî mârî* (où le participe s'accorde avec le régime du nom, et où le sujet est à l'instrumental) ou, moins ordinairement, *mâim nê laṛkî kô mârâ* (où le régime est à l'oblique avec *kô* et où le participe reste invariable).

Ces constructions sont surtout littéraires; l'hindi oriental les ignore; il dit *pôthî kê* ou *pothî mâim parhalôm* « je lis le livre » (construction directe) (1).

d. — *Remarques générales.*

69. Au lieu du suffixe génitif *kâ*, l'hindoustani tourne souvent par la construction adjective persane, c'est-à-dire emploie ce qu'on appelle l'*izâfat*, en ajoutant *i* ou *ê* (ce dernier après *â, ô, û*) au déterminé et en plaçant celui-ci devant le déterminant : *banda-i khudâ* « serviteur de Dieu », *pâ-è takht* « le pied du trône », etc.

70. L'adjectif précède généralement le substantif. Quand on tourne par l'*izâfat,* il se place au contraire après, puisqu'il est déterminant : *khûb larkâ* « beau garçon », *kâlî sî ghôriân* « juments noirâtres », mais *zabân-i sîrîn* « une langue harmonieuse ».

L'adjectif qui précède le nom ne s'accorde qu'en genre; s'il est placé après, il prend la marque du pluriel.

71. Les pronoms personnels *mâim* et *tû* font à l'instrumental *mâim nê* et *tû nê*; mais on dit naturellement *mujh faqîr nê,* par exemple, parce qu'ici le pronom est séparé du suffixe par un déterminant. Pour la même raison on dira *mujh faqîr kâ* et non *faqîr mêrâ* ou *mêrâ faqîr,* au génitif.

---

(1) M. Palmer, comparant l'hindûstânî à l'anglais au point de vue syntactique, donne la préférence au premier. L'Hindou a distingué, dit-il, le sujet du verbe intransitif ou du verbe transitif présent et futur de celui du verbe transitif passé. Ici, le rôle actif et personnel du sujet est beaucoup plus déterminé; de là, la tournure par l'instrumental.

72. Nous avons vu qu'il n'y a pas de formes spéciales pour les degrés de comparaison ; on emploie l'adjectif positif, mais on ajoute au nom le suffixe *sê : wuh sultân sê barâ hâi* « il est plus grand qu'un roi, qu'un sultan ».

73. On a vu aussi que l'accusatif est d'ordinaire confondu avec le datif, c'est-à-dire que le régime direct prend le suffixe *kô*.

74. En général, la construction hindoustanie est la suivante : sujet — attribut — verbe.

———

TABLE DES MATIÈRES

	Pages.
Introduction	5
Spécimens dialectiques	10
Chapitre premier. — Préliminaires	13
§ A. — La grammaire. — Le langage. — Les éléments du langage. — L'étude des langues.	13
§ B. — Notions phonétiques	16
§ C. — Morphologie	25
Chapitre II. — Formations nominales.	31
§ A. — Genre et nombre	31
a. — Du genre.	32
b. — Du nombre	36
§ B. — Déclinaison.	39
a. — Cas directs	40
b. — Cas obliques	44
c. — Particules de relations.	47
§ C. — Formes pronominales.	51
a. — Pronoms personnels.	51
b. — Pronoms déterminatifs.	55
c. — Pronoms indéfinis	56
§ D. — Formes adjectives.	57
a. — Adjectifs proprement dits	57
b. — Adjectifs pronominaux.	58
c. — Adjectifs numéraux.	59

Pages.

CHAPITRE III. — FORMATIONS VERBALES   63

    a. — Verbe simple   63
    b. — Verbe périphrastique   69
    c. — Adjectifs verbaux   71
    d. — Noms verbaux.   72
    e. — Formes respectueuses.   73

CHAPITRE IV. — NOTIONS SYNTACTIQUES   75

    a. — Temps participiaux   75
    b. — Règle générale d'accord.   76
    c. — Construction participiale ; prayôga   77
    d. — Remarques générales   78

9 782013 661348